Dr A. Jemshia Miriam
Dr S. Raja Shree
Dr M. Nafees Muneera

Desvendar os segredos da cibersegurança

**Dr A. Jemshia Miriam
Dr S. Raja Shree
Dr M. Nafees Muneera**

Desvendar os segredos da cibersegurança

Hackear o futuro

ScienciaScripts

Imprint
Any brand names and product names mentioned in this book are subject to trademark, brand or patent protection and are trademarks or registered trademarks of their respective holders. The use of brand names, product names, common names, trade names, product descriptions etc. even without a particular marking in this work is in no way to be construed to mean that such names may be regarded as unrestricted in respect of trademark and brand protection legislation and could thus be used by anyone.

Cover image: www.ingimage.com

This book is a translation from the original published under ISBN 978-620-7-84363-3.

Publisher:
Sciencia Scripts
is a trademark of
Dodo Books Indian Ocean Ltd. and OmniScriptum S.R.L publishing group

120 High Road, East Finchley, London, N2 9ED, United Kingdom
Str. Armeneasca 28/1, office 1, Chisinau MD-2012, Republic of Moldova, Europe
Printed at: see last page
ISBN: 978-620-7-92667-1

Desvendar os segredos da cibersegurança: piratear o futuro

Autoria

Dr. A. JEMSHIA MIRIAM

Dr. S. RAJA SHREE

Dr. M. NAFEES MUNEERA

Com profunda gratidão, este livro é dedicado a Deus Todo-Poderoso, cuja orientação divina, juntamente com o apoio inabalável da minha família e amigos, deu vida a esta criação.

Prefácio

No domínio da cibersegurança, em rápida evolução, "Unravelling the Secrets of Cybersecurity: Hacking the Future" explora a intrincada interação entre conhecimentos especializados e tecnologia. Esta monografia começa com uma perspicaz "Introdução" histórica, que fornece um pano de fundo abrangente para o campo, antes de mergulhar no mundo dinâmico das ameaças e defesas da cibersegurança. Navegamos por tópicos cruciais como a pirataria informática ética, os testes de penetração, a informação sobre ameaças cibernéticas e as ameaças persistentes avançadas (APT).

Esta monografia aborda meticulosamente tópicos vitais, incluindo uma introdução ao hacking ético, avaliação de vulnerabilidades, o significado da inteligência de ameaças cibernéticas, a evolução do malware e a integração da inteligência artificial na deteção de ameaças. O nosso objetivo é fornecer um recurso abrangente e acessível que faça a ponte entre os conceitos teóricos e as aplicações práticas da cibersegurança.

O nosso objetivo é fornecer um recurso conciso mas perspicaz para investigadores, profissionais e estudantes, colmatando a lacuna entre a teoria e as aplicações práticas no domínio da cibersegurança.

No cenário em constante mudança da tecnologia, é imperativo manter-se atualizado com os últimos desenvolvimentos. Esta monografia serve de bússola, orientando tanto os novatos como os profissionais experientes através dos complexos cenários de ameaças e defesas da cibersegurança. Esperamos que esta coleção de ideias, análises e estudos de casos não só enriqueça a compreensão, mas também inspire uma viagem de exploração e inovação neste domínio crítico.

Esperamos que "Unravelling the Secrets of Cybersecurity: Hacking the Future" seja um recurso inestimável para educadores, investigadores e profissionais interessados em tirar partido do poder das técnicas e estratégias de cibersegurança.

Gostaríamos de expressar a nossa sincera gratidão a todos os colaboradores que partilharam os seus conhecimentos e ideias nesta monografia. A sua dedicação e paixão pelo avanço da tecnologia educativa foram fundamentais para a criação deste recurso abrangente.

Dr. A. JEMSHIA MIRIAM
Dr. S. RAJA SHREE
Dr. M. NAFEES MUNEERA

Índice

Desvendar os segredos da cibersegurança: piratear o futuro

RESUMO

"Unravelling the Secrets of Cyber security: Hacking the Future" investiga o intrincado mundo da cibersegurança, explorando os seus conceitos fundamentais, a evolução das ameaças, as estratégias defensivas e os desafios futuros. Começando com uma introdução aos elementos essenciais da cibersegurança, o livro realça a importância crítica da proteção dos bens digitais no mundo interligado de hoje. Traça os marcos históricos que moldaram as práticas de cibersegurança e discute o panorama diversificado das ciberameaças, desde o malware tradicional até aos riscos emergentes, como as vulnerabilidades da IoT e os ataques orientados para a IA. O livro também explora a arte da pirataria informática, distinguindo entre práticas éticas e maliciosas, e aprofunda técnicas avançadas como a encriptação, a deteção de intrusões e a resposta a incidentes. Com informações sobre os factores humanos que influenciam a cibersegurança, incluindo a engenharia social e os aspectos comportamentais, destaca a importância da sensibilização e da formação em matéria de segurança. Olhando para o futuro, o livro examina as tendências futuras da cibersegurança, incluindo o papel da IA, a aprendizagem automática e considerações éticas. "Unravelling the Secrets of Cyber security: Hacking the Future" é um guia completo para profissionais, estudantes e entusiastas que procuram navegar no complexo terreno da cibersegurança.

Palavras-chave: Cibersegurança, hacking ético, cenário de ameaças, encriptação, IA na cibersegurança, IoTSecurity, resposta a incidentes.

CAPÍTULO 1 : INTRODUÇÃO À CIBERSEGURANÇA

A cibersegurança é a prática de proteção de sistemas, redes e dados contra ataques digitais. Num mundo cada vez mais interligado, em que tudo, desde as informações pessoais às infra-estruturas críticas, depende de sistemas digitais, a cibersegurança tornou-se fundamental. Engloba uma série de tecnologias, processos e práticas concebidas para proteger contra o acesso não autorizado, ciberataques e violações de dados.

Na sua essência, a cibersegurança tem como objetivo garantir a confidencialidade, integridade e disponibilidade da informação. A confidencialidade garante que os dados são acessíveis apenas a indivíduos ou sistemas autorizados. A integridade garante que os dados permanecem exactos, fiáveis e não adulterados. A disponibilidade garante que os dados e sistemas estão acessíveis e utilizáveis quando necessário.

À medida que a tecnologia continua a evoluir, o mesmo acontece com as ciberameaças. Compreender os fundamentos da cibersegurança é essencial para que os indivíduos, as empresas e os governos possam navegar com segurança nas complexidades do panorama digital. Esta introdução prepara o terreno para explorar os principais princípios, desafios e estratégias que definem as práticas modernas de cibersegurança.

1.1 Compreender os princípios básicos

No mundo digital interligado de hoje, a cibersegurança é fundamental para proteger sistemas, redes e dados de uma série de ciberameaças. Estas ameaças podem incluir ataques maliciosos, acesso não autorizado, violações de dados e interrupções de serviços. O domínio da cibersegurança engloba um vasto conjunto de práticas, tecnologias e estratégias concebidas para salvaguardar os activos digitais e manter a integridade da informação.

2. Conceitos-chave em cibersegurança

Confidencialidade: Este princípio garante que os dados sensíveis só são acessíveis a indivíduos ou sistemas autorizados. São utilizadas técnicas como a encriptação e os controlos de acesso para proteger a confidencialidade e impedir a divulgação não autorizada.

Integridade: A integridade garante que os dados permanecem exactos, fiáveis e inalterados durante todo o seu ciclo de vida. Medidas como somas de verificação, assinaturas digitais e técnicas de validação de dados ajudam a detetar e a evitar modificações não autorizadas nos dados.

Disponibilidade: A disponibilidade garante que os sistemas e os dados estão acessíveis e podem ser utilizados por utilizadores autorizados quando necessário. Isto envolve a implementação de infra-estruturas robustas, medidas de redundância e planos de recuperação de desastres para minimizar o tempo de inatividade e garantir operações contínuas.

Defesa em profundidade: A segurança cibernética emprega uma abordagem em camadas conhecida como defesa em profundidade. Esta estratégia envolve a implementação de várias camadas de controlos de segurança em redes, sistemas e aplicações. Cada camada acrescenta um nível adicional de proteção, reduzindo a probabilidade de um ataque cibernético bem sucedido e mitigando os potenciais impactos.

Ameaças comuns e vectores de ataque:

Compreender o panorama das ciberameaças é crucial para práticas eficazes de cibersegurança. As ameaças podem variar de ataques comuns de malware e phishing a ransomware sofisticado e ameaças persistentes avançadas (APTs). Os vectores de ataque incluem vulnerabilidades no software, erros humanos e tácticas de engenharia social que exploram a manipulação psicológica para obter acesso não autorizado.

Componentes da cibersegurança

- **Segurança de rede**: Centra-se na proteção da integridade e confidencialidade dos dados à medida que estes circulam nas redes. Tecnologias como firewalls, sistemas de deteção/prevenção de intrusões (IDS/IPS) e redes privadas virtuais (VPNs) são utilizadas para proteger as comunicações em rede.

- **Segurança dos pontos terminais**: Aborda a segurança de dispositivos individuais (endpoints), como computadores, dispositivos móveis e servidores. As soluções de segurança de terminais incluem software antivírus, deteção e resposta de terminais (EDR) e encriptação de dispositivos para proteção contra malware e acesso não autorizado.

- **Segurança das aplicações**: Garante que as aplicações de software estão seguras contra ameaças e vulnerabilidades. Práticas de codificação seguras, actualizações regulares do software (patches) e avaliações de vulnerabilidades são essenciais para mitigar os riscos associados à segurança das aplicações.

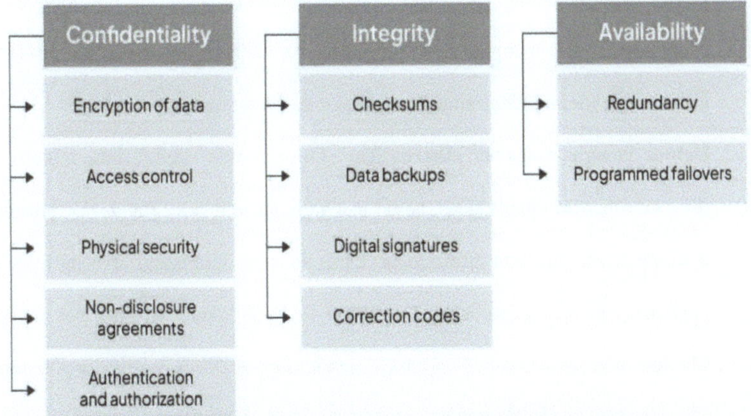

Fig 1.1 Principais objectivos da cibersegurança

(Surbhi,2023) Compreender os princípios básicos da cibersegurança é fundamental para a implementação de medidas de segurança eficazes. Ao aderir a princípios como a confidencialidade, a integridade e a disponibilidade, e ao utilizar estratégias de defesa em profundidade e componentes de segurança especializados, os indivíduos e as organizações podem aumentar a sua resiliência contra as ciberameaças em evolução.

1.2 Importância da cibersegurança na era digital

A cibersegurança é crucial na era digital devido à utilização generalizada das tecnologias digitais em todos os aspectos da sociedade, desde a comunicação pessoal até às infra-estruturas críticas. Eis as principais razões pelas quais a cibersegurança é da maior importância:

1. **Proteção de dados pessoais**: No mundo interligado de hoje, as pessoas partilham grandes quantidades de informações pessoais em linha. Isto inclui dados financeiros, registos médicos, perfis de redes sociais e muito mais. A

cibersegurança garante que estes dados sensíveis permanecem confidenciais e protegidos contra o acesso não autorizado. As violações de dados podem levar ao roubo de identidade, fraude financeira e danos à reputação.

2. **Defesa contra ameaças cibernéticas**: O panorama digital está repleto de diversas ameaças cibernéticas, como malware, ransomware, ataques de phishing e tentativas de pirataria informática. Estas ameaças têm como alvo indivíduos, empresas e governos, procurando explorar vulnerabilidades em sistemas e redes. Medidas eficazes de cibersegurança atenuam estes riscos, evitando potenciais perturbações, perdas financeiras e violações de dados.

3. **Garantir a continuidade do negócio**: As empresas dependem fortemente de sistemas digitais para operações, comunicações e transacções. A cibersegurança protege estes sistemas de ciberataques que podem perturbar as operações, levar a períodos de inatividade e incorrer em perdas financeiras significativas. A proteção da propriedade intelectual, dos segredos comerciais e dos dados dos clientes é essencial para manter a confiança das partes interessadas e preservar a continuidade do negócio.

4. **Conformidade e requisitos legais**: As entidades reguladoras aplicam normas de cibersegurança para proteger os direitos e a privacidade dos consumidores. As organizações têm de aderir a estas normas, como o RGPD na Europa ou a CCPA na Califórnia, para evitar repercussões legais e penalizações financeiras. A conformidade com os regulamentos de cibersegurança demonstra o compromisso com a proteção de dados e práticas comerciais éticas.

5. **Preservar a segurança nacional**: A cibersegurança desempenha um papel fundamental na defesa e segurança nacionais. Os governos e as agências de

defesa protegem as informações classificadas, as infra-estruturas críticas (como as redes eléctricas e os sistemas de transporte) e as comunicações sensíveis das ciberameaças provenientes de Estados-nação, organizações criminosas ou agentes maliciosos.

6. **Promover a confiança e a segurança**: A manutenção de práticas sólidas de cibersegurança promove a confiança entre utilizadores, clientes e parceiros. As organizações que dão prioridade à cibersegurança demonstram o seu empenho em proteger informações sensíveis e garantir interacções digitais seguras. A confiança é essencial para o crescimento das economias digitais e para a adoção de tecnologias emergentes como a computação em nuvem, a IoT e a IA.

A cibersegurança é essencial na era digital para proteger a privacidade pessoal, salvaguardar as infra-estruturas críticas, assegurar a continuidade das actividades, cumprir os requisitos legais, defender-se contra as ciberameaças e promover a confiança nas interacções digitais. Investir em medidas de cibersegurança não é apenas uma estratégia defensiva, mas também uma abordagem pró-ativa para navegar nas complexidades de um mundo interligado e orientado para o digital.

1.3 Evolução histórica e marcos importantes

A cibersegurança tem evoluído significativamente a par dos avanços tecnológicos e da crescente interligação dos sistemas digitais. Compreender a sua evolução histórica permite compreender a forma como as práticas de cibersegurança se desenvolveram para fazer face às ameaças e desafios emergentes ao longo do tempo.

1. **Início (anos 1940-1970)**

*   **Décadas de 1940-1950**: Os primeiros conceitos de cibersegurança surgiram a par do desenvolvimento dos primeiros computadores e redes. As medidas de segurança eram rudimentares, centrando-se principalmente na segurança física das máquinas.

*   **1960s**: O nascimento dos sistemas multi-utilizador e do timesharing levou à necessidade de mecanismos de controlo de acesso. O termo "hacker" começou a surgir, referindo-se inicialmente a indivíduos que exploravam sistemas informáticos por curiosidade.

*   **1970s**: O advento da ARPANET (antecessora da Internet) trouxe uma maior conetividade e preocupações com a segurança das redes. Apareceram os primeiros vírus informáticos, marcando o início das ameaças de software malicioso.

2. **Ascensão das normas e protocolos (década de 1980-1990)**

*   **Década de 1980**: O desenvolvimento de computadores pessoais e de redes locais (LAN) alargou a superfície de ataque. Foram introduzidas normas de segurança como o Trusted Computer System Evaluation Criteria (TCSEC) (também conhecido como Orange Book) para avaliar e classificar as características de segurança dos sistemas.

*   **1990s**: A comercialização da Internet levou a um crescimento exponencial da conetividade e à propagação das ciberameaças. A criação da World Wide Web (WWW) e o aumento do comércio eletrónico realçaram a necessidade de uma transmissão segura de dados e transacções. O aparecimento de firewalls e de protocolos de encriptação (como o SSL/TLS) ajudou a proteger as comunicações.

3. Desafios modernos e inovações (anos 2000 até à atualidade)

- **Anos 2000** : O início dos anos 2000 assistiu a um rápido aumento dos ciberataques, incluindo worms, phishing e ataques de negação de serviço distribuído (DDoS). Incidentes graves, como os worms Code Red e Nimda, sublinharam as vulnerabilidades das redes globais.

- **Anos 2010**: A década assistiu à proliferação de ameaças persistentes avançadas (APT) e à ciberespionagem patrocinada pelo Estado. As violações de dados de grande visibilidade em grandes empresas e agências governamentais realçaram a vulnerabilidade dos sistemas digitais.

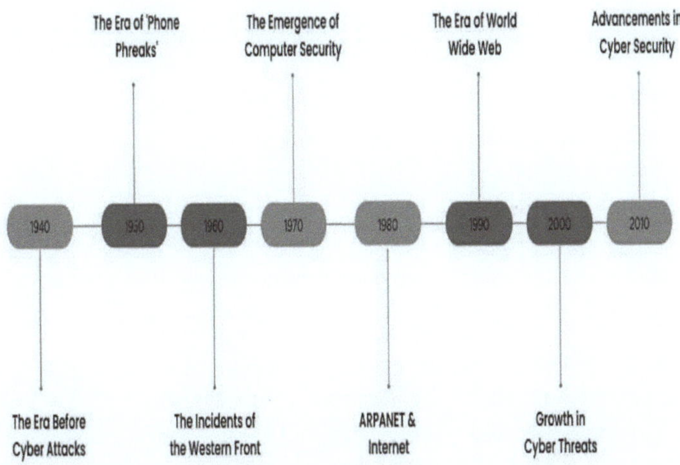

Fig 1.2 História da cibersegurança (Fonte: The Knowledge Academy)

- **Atualidade**: A cibersegurança tornou-se uma prioridade crítica para as organizações em todo o mundo.

As inovações na inteligência artificial (IA) e na aprendizagem automática estão a ser aproveitadas para a deteção e resposta a ameaças. Os quadros e regulamentos de cibersegurança, como o RGPD (Regulamento Geral sobre a Proteção de Dados) e o

Quadro de Cibersegurança do NIST (Instituto Nacional de Normas e Tecnologia),

orientam as organizações na implementação de medidas de segurança robustas.

CAPÍTULO 2 : PANORAMA DAS CIBERAMEAÇAS

O panorama das ciberameaças refere-se ao espetro em constante evolução dos riscos e vulnerabilidades cibernéticas que representam ameaças para os sistemas, redes e dados digitais em todo o mundo. Engloba uma gama diversificada de actividades e tácticas maliciosas utilizadas por cibercriminosos, agentes estatais e outros adversários para explorar pontos fracos e comprometer a segurança.

No mundo interligado de hoje, onde as tecnologias digitais sustentam as infra-estruturas críticas, o comércio e a comunicação, é crucial compreender o panorama das ameaças cibernéticas. Implica reconhecer os tipos de ciberameaças, como malware, phishing, ataques de negação de serviço e ameaças persistentes avançadas, que as organizações e os indivíduos enfrentam.

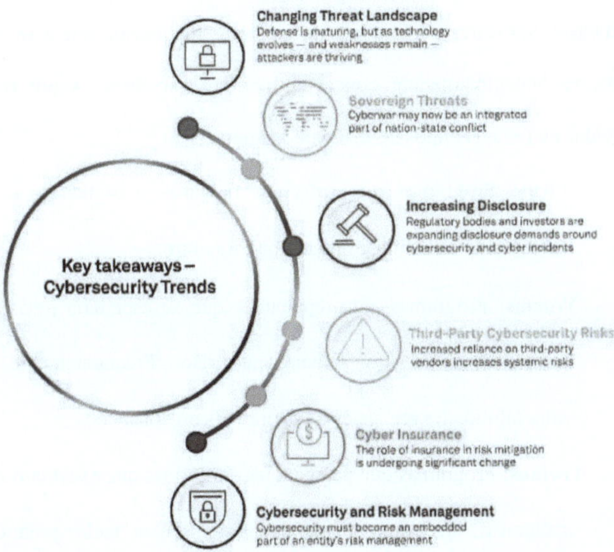

Fig. 2.1 Tendências da cibersegurança (Fonte: S&P Global)

A navegação no panorama das ciberameaças exige medidas proactivas de cibersegurança, incluindo estratégias de defesa robustas, monitorização contínua, recolha de informações sobre ameaças e capacidades eficazes de resposta a incidentes. Ao manterem-se informadas sobre as ameaças emergentes e a evolução das tendências de segurança, as organizações podem proteger-se melhor contra potenciais ataques informáticos e atenuar o impacto das violações de segurança.

2.1 Tipos de ameaças cibernéticas

As ciberameaças abrangem uma vasta gama de actividades e técnicas maliciosas destinadas a comprometer a confidencialidade, a integridade ou a disponibilidade de informações e sistemas digitais. Compreender estas ameaças é essencial para uma preparação e defesa eficazes da cibersegurança. Eis alguns tipos comuns de ciberameaças:

1. **Malware**: Malware, abreviatura de software malicioso, refere-se a qualquer software intencionalmente concebido para causar danos a um computador, servidor ou rede. Os tipos de malware incluem:

    o **Vírus**: Programas que infectam ficheiros legítimos e se replicam, propagando-se de um computador para outro.

    o **Worms**: Programas auto-replicantes que se espalham pelas redes sem necessitarem de um ficheiro anfitrião. Frequentemente exploram vulnerabilidades em sistemas operativos ou aplicações.

    o **Trojans**: Programas que parecem legítimos mas que executam actividades maliciosas, tais como roubar dados, registar as teclas premidas ou dar acesso não autorizado a cibercriminosos.

Exemplo: O ransomware WannaCry (2017) infetou centenas de milhares de computadores em todo o mundo, explorando uma vulnerabilidade no sistema operativo Windows da Microsoft. Encriptava ficheiros nos sistemas infetados e exigia o pagamento de um resgate em Bitcoin para a desencriptação.

2. **Phishing e engenharia social**: Os ataques de phishing envolvem tácticas enganosas para induzir os utilizadores a revelar informações sensíveis, como credenciais de início de sessão ou detalhes financeiros. Os métodos mais comuns incluem:

   o **Phishing de correio eletrónico**: mensagens de correio eletrónico falsas que se fazem passar por fontes legítimas e que incitam os destinatários a clicar em ligações maliciosas ou a fornecer informações pessoais.

   o **Spear Phishing**: ataques de phishing direccionados para indivíduos ou organizações específicas, utilizando frequentemente informações personalizadas para aumentar a credibilidade.

   o **Smishing**: ataques de phishing efectuados através de SMS ou mensagens de texto.

Exemplo: Um e-mail de phishing disfarçado de mensagem legítima de um banco pede aos destinatários que cliquem numa ligação e iniciem sessão na sua conta. A ligação conduz a um sítio Web falso concebido para roubar as suas credenciais de início de sessão.

3. **Negação de serviço (DoS) e Negação de serviço distribuída (DDoS)**: Estes ataques visam perturbar ou sobrecarregar um sistema, servidor ou rede para o

tornar indisponível para utilizadores legítimos. As principais características incluem:

- o **DoS**: Uma única fonte inunda um alvo com tráfego, esgotando os seus recursos e causando um encerramento.

- o **DDoS**: Múltiplos sistemas comprometidos (botnets) inundam um alvo simultaneamente, amplificando o impacto e tornando a mitigação mais difícil.

Exemplo: Em 2016, o botnet Mirai lançou ataques DDoS contra o Dyn, um importante fornecedor de Sistema de Nomes de Domínio (DNS). Estes ataques interromperam o acesso a sítios Web populares, como o Twitter, Spotify e Netflix, sobrecarregando os seus servidores com tráfego proveniente de dispositivos IoT infectados.

4. **Ransomware**: O ransomware é um tipo de malware que encripta ficheiros no computador da vítima, tornando-os inacessíveis. Os cibercriminosos exigem um pagamento (geralmente em criptomoeda) para fornecer a chave de desencriptação. Os principais atributos incluem:

- o **Ransomware de encriptação**: Encripta ficheiros, tornando-os inacessíveis até que seja pago um resgate.

- o **Locker Ransomware**: Bloqueia totalmente o acesso da vítima ao seu sistema até que o pagamento seja efectuado.

Exemplo: O ataque de ransomware NotPetya (2017) visou principalmente organizações na Ucrânia, mas espalhou-se a nível mundial, afectando empresas de vários sectores. Encriptou dados em sistemas infectados e exigiu o pagamento de um resgate para a desencriptação, causando perturbações operacionais e perdas financeiras significativas.

5. **Ameaças persistentes avançadas (APTs)**: As APT são ciberataques sofisticados e de longa duração orquestrados por adversários competentes (por exemplo, actores patrocinados pelo Estado ou grupos de crime organizado). As principais características incluem:

   o **Tácticas furtivas**: As APTs utilizam técnicas avançadas para evitar a deteção, manter a persistência e exfiltrar dados sensíveis durante longos períodos.

   o **Ataques direccionados**: Os APTs são adaptados a organizações ou indivíduos específicos, aproveitando o reconhecimento e a engenharia social para maximizar o impacto.

   Exemplo: Acredita-se que o worm Stuxnet (2010) seja uma APT patrocinada pelo Estado que visava as instalações nucleares do Irão. Explorou vulnerabilidades nos sistemas de controlo industrial da Siemens para sabotar as centrifugadoras utilizadas para o enriquecimento de urânio, demonstrando as capacidades de ciberataques direccionados e altamente sofisticados.

6. **Ameaças internas**: As ameaças internas envolvem acções maliciosas ou violações inadvertidas por parte de indivíduos de uma organização que têm acesso autorizado. Os tipos de ameaças internas incluem:

   o **Insiders maliciosos**: Acções intencionais de funcionários descontentes ou indivíduos que procuram obter ganhos financeiros.

   o **Insiders Negligentes**: Acções não intencionais, como ser vítima de esquemas de phishing ou tratar incorretamente dados sensíveis.

Exemplo: Edward Snowden, um antigo empreiteiro da Agência de Segurança Nacional (NSA), divulgou documentos confidenciais em 2013, expondo extensos programas de vigilância global. Esta ameaça interna realçou os riscos colocados por indivíduos de confiança com acesso privilegiado a informações sensíveis.

7. **Ataques Man-in-the-Middle (MitM)**: Os ataques MitM envolvem a interceção e potencial alteração das comunicações entre duas partes sem o seu conhecimento. As técnicas incluem:

   o **Sequestro de sessão**: Assumir o controlo de uma sessão autenticada para obter acesso não autorizado.

   o **Sniffing de pacotes**: Captura de pacotes de dados não encriptados para extrair informações sensíveis, tais como credenciais de início de sessão ou transacções financeiras.

Exemplo: Um atacante configura um ponto de acesso Wi-Fi não autorizado num local público, fazendo-se passar por uma rede legítima. Quando utilizadores desprevenidos se ligam ao hotspot desonesto, o atacante pode intercetar os seus dados não encriptados, tais como credenciais de início de sessão ou transacções financeiras.

A Figura 2.2 mostra os diferentes tipos de ciberameaças.

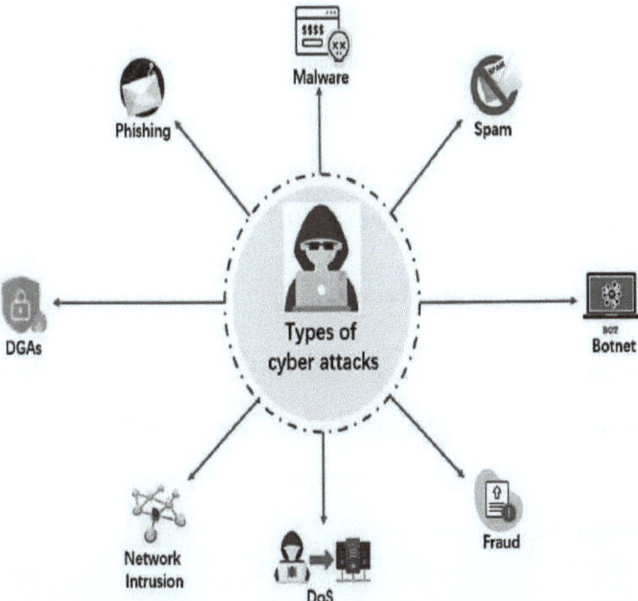

Fig. 2.2 Tipos de ameaças cibernéticas (Zhang, Zhibo et al., 2022)

Estes tipos de ciberameaças realçam os diversos métodos e motivações subjacentes aos ataques dirigidos a indivíduos, empresas, governos e infra-estruturas críticas. Estratégias eficazes de cibersegurança envolvem sensibilização, preparação e medidas proactivas para mitigar os riscos e proteger contra a evolução das ciberameaças.

2.2 Ameaças e tendências emergentes

Os cenários de cibersegurança evoluem continuamente à medida que a tecnologia avança e os agentes de ameaças desenvolvem novas tácticas. Principais ameaças e tendências emergentes

1. **Vulnerabilidades da Internet das Coisas (IoT):**

- A proliferação de dispositivos IoT introduz riscos de segurança devido a medidas de segurança inadequadas, como palavras-passe predefinidas e comunicações não encriptadas. Os dispositivos IoT vulneráveis podem ser explorados para lançar ataques ou infiltrar-se nas redes.

2. **Ransomware-as-a-Service (RaaS):**

- As plataformas de ransomware como serviço permitem que os cibercriminosos implementem facilmente ataques de ransomware, tirando partido de interfaces fáceis de utilizar e de modelos de partilha de receitas para facilitar a distribuição generalizada de ransomware.

3. **Ataques sofisticados de engenharia social:**

- Os cibercriminosos utilizam cada vez mais tácticas avançadas de engenharia social para manipular o comportamento humano e enganar as pessoas para que revelem informações sensíveis ou descarreguem malware. Estes ataques exploram frequentemente vulnerabilidades psicológicas.

4. **Explorações de dia zero:**

- As vulnerabilidades de dia zero em software ou hardware representam riscos significativos, uma vez que os atacantes exploram estas falhas antes de os fornecedores poderem lançar correcções ou actualizações. As explorações de dia zero podem levar a ataques direccionados e comprometer as defesas de cibersegurança das organizações.

5. Ataques à cadeia de abastecimento:

- Os ataques à cadeia de fornecimento visam fornecedores ou prestadores de serviços terceiros para se infiltrarem nas redes das organizações através de relações de confiança. Estes ataques exploram vulnerabilidades nos processos da cadeia de fornecimento para obter acesso não autorizado ou distribuir malware.

6. Desafios da segurança na nuvem:

- À medida que as organizações migram para ambientes de nuvem, torna-se fundamental garantir medidas robustas de segurança na nuvem. Os desafios incluem configurações incorretas, violações de dados e acesso não autorizado aos recursos da nuvem.

7. Conformidade regulamentar e privacidade de dados:

- O aumento dos requisitos regulamentares, como o RGPD e a CCPA, obriga as organizações a protegerem os dados dos clientes e a defenderem os direitos de privacidade. A conformidade com estes regulamentos exige estruturas robustas de cibersegurança e medidas de proteção de dados.

8. Ameaças de Inteligência Artificial (IA) e Aprendizagem Automática (ML):

- As tecnologias de IA e ML são cada vez mais utilizadas tanto pelos defensores como pelos atacantes. As ameaças incluem ciberataques conduzidos por IA, evasão de defesas alimentadas por IA e a utilização indevida de IA para gerar ataques sofisticados de phishing ou conteúdos deepfake.

9. **Ameaças internas:**

- As ameaças internas, quer sejam maliciosas ou não intencionais, continuam a ser uma preocupação significativa. Os informadores maliciosos podem abusar do acesso privilegiado, enquanto os funcionários negligentes podem expor inadvertidamente dados sensíveis ou ser vítimas de ataques de engenharia social.

10. **Riscos da computação quântica:**

- O advento da computação quântica apresenta riscos potenciais para os algoritmos criptográficos actuais. Os computadores quânticos podem potencialmente quebrar os métodos de encriptação tradicionais, exigindo o desenvolvimento de criptografia resistente ao quantum.

Para enfrentar estas ameaças e tendências emergentes, as organizações devem adotar estratégias proactivas de cibersegurança, manter-se informadas sobre a evolução dos riscos, implementar mecanismos de defesa sólidos e promover uma cultura de sensibilização e resiliência em matéria de cibersegurança.

2.3 Estudos de caso e exemplos do mundo real

Eis alguns estudos de casos reais e exemplos de ameaças cibernéticas que afectaram organizações e indivíduos:

1. **Ataque à cadeia de fornecimento da SolarWinds (2020):**
   - No final de 2020, foi descoberto que os agentes de ameaças comprometeram o mecanismo de atualização do software SolarWinds Orion, distribuindo uma versão com backdoor para milhares de organizações em todo o

mundo, incluindo agências governamentais e empresas da Fortune 500. Esse sofisticado ataque à cadeia de suprimentos permitiu que os invasores obtivessem acesso não autorizado às redes e exfiltrassem informações confidenciais por um longo período antes da deteção.

2. **Ataque de ransomware WannaCry (2017):**

   o O ataque de ransomware WannaCry visou computadores com sistemas operativos Microsoft Windows a nível mundial em maio de 2017. Espalhou-se rapidamente através da exploração de uma vulnerabilidade no protocolo Windows Server Message Block (SMB). O WannaCry encriptou ficheiros em computadores infectados e exigiu pagamentos de resgate em Bitcoin para a desencriptação. O ataque afectou organizações de vários sectores, incluindo os cuidados de saúde, as finanças e a administração pública, realçando o impacto perturbador do ransomware em serviços críticos.

3. **Violação de dados Equifax (2017):**

   o A Equifax, uma das maiores agências de informação de crédito dos Estados Unidos, sofreu uma violação de dados significativa em 2017. Os atacantes exploraram uma vulnerabilidade na estrutura da aplicação Web Apache Struts para obter acesso não autorizado a informações pessoais sensíveis de mais de 147 milhões de consumidores. A violação sublinhou a importância da aplicação atempada de patches e de práticas robustas de cibersegurança para proteção contra vulnerabilidades das aplicações Web.

4. **Ataque de ransomware NotPetya (2017):**

   o O ataque de ransomware NotPetya em 2017 visou organizações principalmente na Ucrânia, mas espalhou-se globalmente, afectando empresas multinacionais e fornecedores de infra-estruturas críticas. Inicialmente, o NotPetya disfarçou-se de ransomware, mas funcionou mais como um malware destrutivo, encriptando irreversivelmente os dados e causando perturbações operacionais generalizadas. O ataque pôs em evidência a possibilidade de o ransomware evoluir para armas cibernéticas destrutivas com implicações geopolíticas.

5. **Hack da Sony Pictures Entertainment (2014):**

   o Em 2014, ciber-atacantes violaram a rede da Sony Pictures Entertainment, o que resultou no roubo e divulgação de dados empresariais sensíveis, informações sobre os funcionários e filmes não lançados. O ataque, atribuído a hackers norte-coreanos, terá sido motivado pelo controverso filme "The Interview". O incidente demonstrou o impacto dos ciberataques na reputação das empresas, na propriedade intelectual e na liberdade de expressão.

6. **Violações de dados do Yahoo (2013-2014):**

   o O Yahoo sofreu duas grandes violações de dados entre 2013 e 2014, afectando milhares de milhões de contas de utilizadores em todo o mundo. Os atacantes obtiveram acesso não autorizado aos dados dos utilizadores, incluindo nomes, endereços de e-mail, palavras-passe com hash e perguntas de segurança. As violações não só comprometeram a privacidade dos utilizadores, como também tiveram consequências financeiras e de reputação significativas para a Yahoo, o que acabou por afetar a sua aquisição pela Verizon Communications.

Estes estudos de caso ilustram a natureza diversificada das ciberameaças, que vão desde ataques sofisticados à cadeia de abastecimento e incidentes de ransomware até violações de dados em grande escala e ciberincidentes geopolíticos. Sublinham a importância de medidas robustas de cibersegurança, da deteção proactiva de ameaças, da preparação para a resposta a incidentes e da vigilância contínua na proteção contra a evolução dos riscos cibernéticos.

CAPÍTULO 3 : FUNDAMENTOS DA CIBERDEFESA

Os fundamentos da ciberdefesa abrangem os princípios e práticas essenciais destinados a proteger os activos, sistemas e redes digitais contra as ciberameaças. No mundo interligado de hoje, em que as organizações dependem fortemente das tecnologias digitais, compreender e implementar estratégias eficazes de ciberdefesa é fundamental para a proteção contra actividades maliciosas e acessos não autorizados.

A ciberdefesa envolve uma abordagem em vários níveis que combina soluções técnicas, políticas, procedimentos e formação da força de trabalho para reduzir os riscos e responder a incidentes cibernéticos. Os principais aspectos da ciberdefesa incluem a identificação de vulnerabilidades, a implementação de controlos de segurança robustos, a monitorização de actividades suspeitas e a resolução imediata de incidentes de segurança para minimizar o impacto.

Os princípios fundamentais da ciberdefesa incluem:

1. **Gestão de riscos**: Avaliar e dar prioridade aos riscos de cibersegurança para atribuir recursos de forma eficaz e implementar controlos adequados.

2. **Defesa em profundidade**: Utilização de várias camadas de controlos de segurança (por exemplo, firewalls, sistemas de deteção de intrusão, encriptação) para criar uma estratégia de defesa abrangente.

3. **Resposta a incidentes**: Desenvolver e praticar planos de resposta a incidentes para detetar, responder e recuperar prontamente de incidentes de cibersegurança.

4. **Monitorização contínua**: Monitorização contínua de redes, sistemas e aplicações para detetar e mitigar potenciais ameaças em tempo real.

5. **Educação e sensibilização dos utilizadores**: Educar os funcionários e as partes interessadas sobre as melhores práticas de cibersegurança, sensibilização para o phishing e a importância de manter palavras-passe fortes.

6. **Conformidade e regulamentos**: Garantir a adesão às normas, regulamentos e requisitos legais da indústria relacionados com a proteção de dados e a cibersegurança.

Ao aderir a estes princípios fundamentais e integrá-los nas estratégias organizacionais de cibersegurança, as empresas e instituições podem aumentar a sua resiliência contra as ciberameaças e manter a confidencialidade, integridade e disponibilidade dos seus activos digitais. A ciberdefesa é um processo contínuo que evolui a par dos avanços tecnológicos e das ciberameaças emergentes, exigindo medidas proactivas para se manterem à frente de potenciais riscos e vulnerabilidades.

3.1 Camadas de ciberdefesa

A ciberdefesa envolve uma abordagem em camadas para proteger os activos digitais, os sistemas e as redes contra uma vasta gama de ciberameaças. Cada camada contribui com medidas e controlos de segurança únicos para criar uma estratégia de defesa abrangente. Estes níveis trabalham em conjunto para atenuar os riscos, detetar potenciais ameaças e responder eficazmente a incidentes cibernéticos.

Eis os principais níveis de defesa cibernética:

1. **Segurança do perímetro:**

- **Descrição**: A segurança do perímetro constitui a camada mais externa da defesa, centrando-se no controlo e monitorização do tráfego que entra e sai da rede. Inclui tecnologias como firewalls, sistemas de prevenção de intrusão (IPS) e gateways seguros.

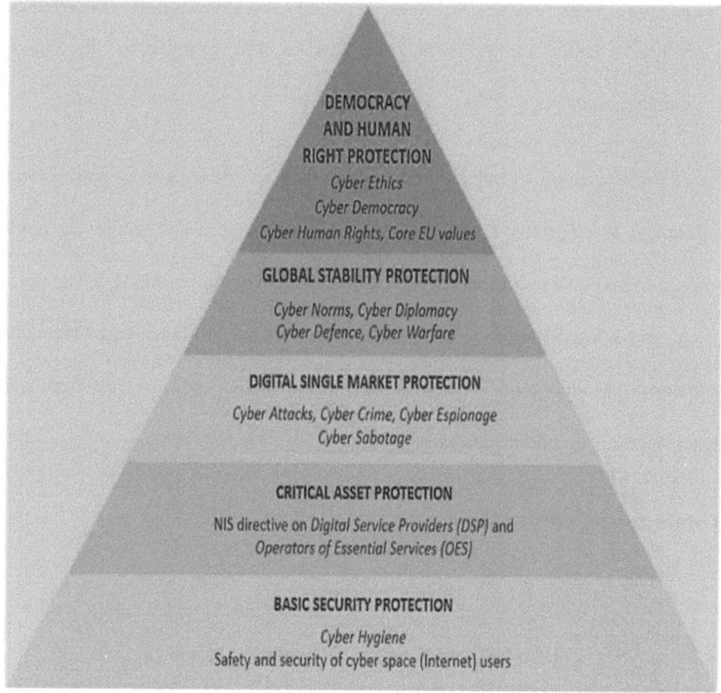

Fig 3.1 Principais camadas da ciberdefesa (Bederna et al., 2022)

- **Objetivo**: O objetivo da segurança do perímetro é impedir o acesso não autorizado, bloquear o tráfego malicioso e aplicar políticas de segurança para proteger contra ameaças externas, tais como ataques de negação de serviço (DoS) e tentativas de intrusão não autorizadas.

2. **Segurança de rede:**

- **Descrição**: A segurança da rede centra-se na proteção da infraestrutura de rede interna e na transmissão de dados dentro da rede. Inclui tecnologias como segmentação de rede, redes privadas virtuais (VPNs) e protocolos seguros (por exemplo, SSL/TLS).

- **Objetivo**: A segurança da rede visa proteger o tráfego da rede, impedir o acesso não autorizado a informações sensíveis e detetar actividades anómalas ou comportamentos maliciosos na rede.

2. **Segurança dos pontos terminais:**

- **Descrição**: A segurança dos pontos finais envolve a proteção de dispositivos individuais (pontos finais), tais como computadores, computadores portáteis, dispositivos móveis e servidores. Inclui software antivírus, firewalls baseadas no anfitrião, soluções de deteção e resposta de pontos finais (EDR) e encriptação de dispositivos.

- **Objetivo**: A segurança dos pontos finais protege contra infecções por malware, tentativas de acesso não autorizado e violações de dados com origem em pontos finais comprometidos. Garante que os dispositivos são seguros, estão em conformidade com as políticas de segurança e são continuamente monitorizados quanto a ameaças.

3. **Segurança das aplicações:**

- **Descrição**: A segurança das aplicações centra-se na proteção das aplicações de software e na prevenção de vulnerabilidades que possam ser exploradas por atacantes. Inclui práticas de codificação seguras, testes regulares de aplicações (por exemplo, testes de penetração, verificação de vulnerabilidades) e firewalls de aplicações Web (WAFs).

- **Objetivo**: A segurança das aplicações visa identificar e corrigir as vulnerabilidades do software, proteger contra ataques ao nível das aplicações (por exemplo, injeção de SQL, scripts entre sítios) e garantir que as aplicações funcionam de forma segura sem expor dados sensíveis ou comprometer a integridade do sistema.

4. Segurança dos dados:

- **Descrição**: A segurança dos dados envolve a proteção de dados sensíveis ao longo do seu ciclo de vida, incluindo o armazenamento, a transmissão e o processamento de dados. Inclui encriptação, mascaramento de dados, controlos de acesso e soluções de prevenção de perda de dados (DLP).

- **Objetivo**: A segurança dos dados tem por objetivo impedir o acesso não autorizado, a fuga ou o roubo de informações sensíveis. Garante que os dados são protegidos contra ameaças internas, ataques externos e violações de conformidade, mantendo a confidencialidade, integridade e disponibilidade.

5. Gestão de Identidade e Acesso (IAM):

- **Descrição**: O IAM engloba processos e tecnologias que gerem e controlam as identidades dos utilizadores, as permissões e os direitos de acesso nos sistemas e recursos de uma organização. Inclui mecanismos de autenticação, políticas de autorização, autenticação multi-fator (MFA) e gestão de acesso privilegiado

(PAM).

- **Objetivo**: O IAM garante que apenas os utilizadores e dispositivos autorizados têm acesso a recursos e dados específicos. Minimiza o risco de acesso não autorizado, roubo de credenciais e uso indevido de contas privilegiadas, melhorando a postura geral de segurança.

6. **Monitorização da segurança e resposta a incidentes:**

- **Descrição**: A monitorização da segurança envolve a monitorização contínua de redes, sistemas e aplicações para detetar actividades suspeitas ou potenciais incidentes de segurança. A resposta a incidentes envolve a deteção, análise e resposta imediata a violações de segurança ou ciberataques.

- **Objetivo**: A monitorização da segurança e a resposta a incidentes permitem a deteção proactiva de ameaças, a rápida contenção de incidentes e a correção eficaz. Minimiza o impacto dos incidentes de segurança, facilita os esforços de recuperação e aumenta a resistência contra ameaças futuras.

7. **Sensibilização e formação em matéria de segurança:**

- **Descrição**: Os programas de sensibilização para a segurança educam os funcionários, as partes interessadas e os utilizadores sobre as melhores práticas, políticas e procedimentos de cibersegurança. As sessões de formação sensibilizam para os esquemas de phishing, as tácticas de engenharia social e a importância da gestão de palavras-passe fortes.

- **Objetivo**: A sensibilização e a formação em matéria de segurança permitem que os indivíduos reconheçam e comuniquem actividades suspeitas, cumpram as políticas de segurança e contribuam para uma cultura de sensibilização para a cibersegurança na organização. Reduz o erro humano, melhora a prontidão da resposta a incidentes e reforça as defesas globais de segurança.

Integração e coordenação:

- **Descrição**: Uma ciberdefesa eficaz requer integração e coordenação em todos os níveis para garantir um funcionamento sem falhas e uma proteção abrangente. Envolve o alinhamento dos controlos de segurança, a partilha de informações sobre ameaças e o estabelecimento de canais de comunicação claros entre as equipas de segurança e as partes interessadas.
- **Objetivo**: A integração e a coordenação aumentam a visibilidade da postura de segurança, racionalizam os esforços de resposta a incidentes e facilitam estratégias proactivas de atenuação de ameaças. Assegura que as medidas de segurança funcionam em sinergia para defender contra a evolução das ciberameaças e vulnerabilidades.

Ao implementar uma abordagem em camadas para a ciberdefesa, as organizações podem melhorar a sua resiliência contra as ciberameaças, proteger informações sensíveis e manter a confiança e a credibilidade junto das partes interessadas. Cada camada aborda aspectos específicos da cibersegurança, contribuindo para uma estratégia de defesa holística e eficaz, adaptada ao perfil de risco e aos requisitos operacionais específicos da organização.

3.2 Fundamentos de segurança de rede

A segurança da rede engloba medidas e práticas concebidas para proteger a integridade, a confidencialidade e a disponibilidade de dados e recursos numa rede informática. Envolve a implantação de tecnologias, a implementação de políticas e a realização de procedimentos para proteção contra o acesso não autorizado, ciberataques e outras potenciais ameaças.

A segurança da rede é de extrema importância no atual cenário digital interligado, em que as organizações e os indivíduos dependem fortemente das redes para realizar negócios, trocar informações e comunicar globalmente. Garantir uma segurança de rede robusta é essencial por várias razões:

A proteção de dados sensíveis é um aspeto fundamental da segurança da rede. As redes transmitem e armazenam frequentemente informações valiosas e confidenciais, incluindo transacções financeiras, dados proprietários e registos pessoais. O acesso não autorizado ou a interceção destes dados pode levar a perdas financeiras, roubo de identidade, sanções regulamentares e danos à reputação.

A garantia da continuidade do negócio depende de operações de rede fiáveis e seguras. O tempo de inatividade ou as interrupções causadas por ataques informáticos, infecções por malware ou acesso não autorizado podem prejudicar as operações, levando à perda de produtividade, perda de receitas e insatisfação dos clientes. As redes seguras ajudam a mitigar esses riscos, prevenindo e minimizando o impacto de tais incidentes.

A proteção contra ciberameaças é fundamental no atual cenário de ameaças. As redes enfrentam uma grande variedade de ameaças cibernéticas, incluindo malware, ataques de phishing, ransomware e

ataques de negação de serviço (DoS). Medidas eficazes de segurança de rede, como firewalls, sistemas de deteção de intrusão (IDS) e encriptação, ajudam a detetar, prevenir e mitigar estas ameaças antes que possam causar danos.

Além disso, a conformidade com regulamentos e normas é cada vez mais importante para as organizações de vários sectores. Requisitos regulamentares como o GDPR, HIPAA, PCI-DSS e outros exigem a proteção de dados sensíveis e a implementação de medidas de segurança específicas. A adesão a estas normas não só evita sanções legais, como também demonstra o compromisso com a privacidade dos dados e as melhores práticas de segurança. Manter a confiança e a credibilidade entre clientes, parceiros e partes interessadas é crucial. Um ambiente de rede seguro inspira a confiança de que as informações confidenciais são tratadas de forma responsável e protegidas contra acesso não autorizado ou violações de dados. Esta confiança é vital para manter relações comerciais sólidas e uma vantagem competitiva no mercado.

A segurança da rede desempenha um papel fundamental na proteção da integridade dos dados, garantindo a continuidade operacional, mitigando as ciberameaças, cumprindo os regulamentos e promovendo a confiança nas interacções digitais. Ao investir em medidas robustas de segurança da rede e ao implementar as melhores práticas, as organizações podem salvaguardar os seus activos, atenuar os riscos e navegar eficazmente pelas complexidades do atual mundo digital interligado.

Eis os principais elementos essenciais da segurança da rede:

1. **Firewalls:**

Descrição: As firewalls são dispositivos de segurança de rede essenciais que monitorizam e controlam o tráfego de entrada e saída da rede com base em regras de segurança pré-determinadas. Podem ser baseadas em hardware (appliance) ou em software (host-based).

- **Objetivo**: As firewalls impedem o acesso não autorizado de e para uma rede privada, filtrando o tráfego e bloqueando pacotes maliciosos ou suspeitos. Aplicam políticas de segurança para proteger contra ameaças comuns, como tentativas de acesso não autorizado, infecções por malware e ataques de negação de serviço (DoS).

2. **Sistemas de deteção e prevenção de intrusões (IDPS):**

- **Descrição**: Os IDPS são tecnologias de segurança concebidas para detetar e responder a actividades maliciosas ou violações de políticas numa rede. Analisam o tráfego de rede, os registos e os eventos do sistema para identificar potenciais ameaças em tempo real.

- **Objetivo**: Os IDPS ajudam as organizações a detetar e atenuar prontamente os incidentes de segurança, alertando as equipas de segurança para actividades suspeitas, tentativas de acesso não autorizado ou comportamentos anómalos. Podem bloquear ou mitigar automaticamente as ameaças identificadas para evitar mais danos ou comprometimentos.

3. **Redes Privadas Virtuais (VPNs):**

- **Descrição**: As VPNs estabelecem ligações seguras e encriptadas através de uma rede pública ou não fiável (por exemplo, a Internet), permitindo que os utilizadores remotos ou as sucursais acedam de forma segura a redes e recursos empresariais.

- **Objetivo**: As VPN asseguram a confidencialidade e a integridade dos dados encriptando o tráfego de rede entre os pontos terminais (por exemplo, o dispositivo do utilizador remoto e a rede da empresa). Protegem as informações sensíveis contra escutas e intercepções não autorizadas, proporcionando um acesso remoto seguro e melhorando a privacidade dos utilizadores.

4. **Segmentação da rede:**

- **Descrição**: A segmentação da rede divide uma rede em vários segmentos ou sub-redes mais pequenos e isolados, com base em requisitos de segurança, padrões de tráfego ou divisões organizacionais.

- **Objetivo**: A segmentação da rede limita o impacto dos incidentes de segurança ao conter as potenciais ameaças em segmentos de rede específicos. Reduz a superfície de ataque, melhora o desempenho da rede e reforça a segurança global, restringindo o acesso com base nos princípios do privilégio mínimo.

5. **Protocolos seguros (por exemplo, SSL/TLS):**

- **Descrição**: Os protocolos seguros, como o Secure Sockets Layer (SSL) e o Transport Layer Security (TLS), encriptam os dados transmitidos entre aplicações cliente e servidor através de uma rede.

- **Objetivo**: Os protocolos seguros protegem a confidencialidade e a integridade dos dados durante a transmissão, impedindo a escuta, a adulteração ou a interceção por partes não autorizadas. São essenciais para garantir transacções sensíveis (por exemplo, banca em linha, comércio eletrónico) e proteger a privacidade do utilizador.

6. **Controlo de Acesso à Rede (NAC):**

- **Descrição**: As tecnologias NAC aplicam políticas para controlar o acesso aos recursos da rede com base na conformidade dos terminais, na identidade do utilizador e na postura de segurança.

- **Objetivo**: O NAC garante que apenas os dispositivos e utilizadores autorizados com credenciais válidas e configurações de segurança em conformidade podem aceder à rede. Reduz os riscos associados a dispositivos não autorizados, acesso de convidados e potenciais ameaças de pontos finais comprometidos.

7. **Segurança do DNS:**

- **Descrição**: As medidas de segurança do Sistema de Nomes de Domínio (DNS) protegem a infraestrutura do DNS e previnem ataques relacionados com o DNS, tais como falsificação de DNS, envenenamento de cache e ataques distribuídos de negação de serviço (DDoS).
- **Objetivo**: A segurança do DNS aumenta a fiabilidade e a integridade dos serviços DNS, garantindo a resolução exacta de nomes de domínio para endereços IP e protegendo contra explorações baseadas no DNS que possam comprometer a disponibilidade da rede ou redirecionar os utilizadores para sítios Web maliciosos.

8. **Monitorização e registo de rede:**

- **Descrição**: A monitorização da rede envolve a vigilância contínua das actividades da rede, dos padrões de tráfego e do comportamento do sistema para detetar potenciais incidentes ou anomalias de segurança.
- **Objetivo**: A monitorização da rede proporciona visibilidade das operações de rede, identifica tentativas de acesso não autorizado e facilita a resposta atempada a incidentes. O registo de eventos e actividades de rede ajuda na análise forense, na auditoria de conformidade e na identificação de violações de segurança para correção.

9. **Políticas e procedimentos de segurança:**

- **Descrição**: As políticas de segurança definem regras, directrizes e melhores práticas para manter a segurança da rede, gerir controlos de acesso e proteger informações sensíveis.

- **Objetivo**: As políticas e procedimentos de segurança estabelecem uma estrutura para implementar e aplicar eficazmente as medidas de segurança. Orientam os administradores de rede, utilizadores e partes interessadas no cumprimento dos requisitos de segurança, na redução dos riscos e na garantia de uma postura de segurança consistente em toda a organização.

A implementação destes elementos essenciais de segurança de rede forma uma estratégia de defesa robusta que atenua os riscos, aumenta a resiliência contra as ciberameaças e protege os activos e dados críticos nas redes organizacionais. Ao adotar uma abordagem proactiva à segurança da rede, as organizações podem manter a continuidade operacional, proteger informações sensíveis e manter a confiança entre os utilizadores e as partes interessadas.

3.3 Estratégias de proteção de pontos finais

As estratégias de proteção dos terminais são componentes essenciais das modernas estruturas de cibersegurança, concebidas para proteger dispositivos individuais (terminais), como computadores, computadores portáteis, dispositivos móveis e servidores nas redes organizacionais. Os terminais são os principais alvos dos ciberataques devido ao seu acesso direto a dados sensíveis e recursos de rede. Por conseguinte, as estratégias eficazes de proteção dos pontos terminais são cruciais para atenuar os riscos, detetar ameaças e garantir a integridade e a confidencialidade dos activos organizacionais.

A proteção dos terminais envolve a implementação de uma combinação de tecnologias, políticas e práticas para defender contra uma vasta gama de ciberameaças, incluindo infecções por malware, ataques de ransomware, tentativas de phishing e acesso não autorizado. Estas estratégias incluem normalmente software antivírus, firewalls, soluções de deteção e resposta de pontos finais (EDR), encriptação e gestão de configuração segura.

As estratégias de proteção dos pontos terminais são componentes essenciais de estruturas abrangentes de cibersegurança, centradas na proteção de dispositivos individuais, como computadores, computadores portáteis, dispositivos móveis e servidores. Estas estratégias são essenciais por várias razões:

- **A segurança dos pontos finais** aborda as vulnerabilidades e os riscos associados aos dispositivos ligados às redes organizacionais. Os terminais são frequentemente os alvos iniciais dos ataques informáticos, tornando-os susceptíveis a infecções por malware, tentativas de acesso não autorizado e violações de dados. Ao implementar estratégias robustas de proteção de terminais, as organizações podem detetar e mitigar eficazmente as ameaças antes de estas se propagarem pela rede.

- **As soluções de segurança de terminais** englobam uma gama de tecnologias e práticas, incluindo software antivírus, firewalls, deteção e resposta de terminais (EDR) e encriptação de dispositivos. Estas soluções trabalham em conjunto para monitorizar, gerir e proteger os terminais contra as ciberameaças em constante evolução. Proporcionam visibilidade em tempo real das actividades dos terminais, detectam comportamentos suspeitos e respondem prontamente a incidentes de segurança.

- **As estratégias de proteção dos terminais** reforçam a postura geral de cibersegurança, aplicando políticas de segurança, configurações e actualizações em todos os terminais. A gestão regular de patches, as actualizações de software e as avaliações de vulnerabilidades reduzem os riscos associados a software desatualizado e a vulnerabilidades conhecidas. Além disso, as medidas de segurança dos terminais, como a prevenção de perda de dados (DLP) e o controlo de aplicações, ajudam a impedir o acesso não autorizado aos dados e a garantir a conformidade com os regulamentos de proteção de dados.

- **A proteção dos terminais** é crucial para suportar forças de trabalho remotas e políticas BYOD (Bring Your Own Device). À medida que mais funcionários trabalham a partir de vários locais e utilizam dispositivos pessoais para fins profissionais, a proteção dos terminais torna-se cada vez mais difícil, mas essencial. As soluções de segurança de terminais fornecem acesso seguro a recursos empresariais, aplicam controlos de acesso e protegem dados sensíveis, independentemente do dispositivo ou da localização.

Em conclusão, as estratégias eficazes de proteção dos terminais são essenciais para salvaguardar as ciberameaças, proteger os dados sensíveis, garantir a conformidade com os regulamentos e manter a resiliência operacional. Ao implementar medidas abrangentes de segurança dos terminais e ao integrá-las em estruturas mais amplas de cibersegurança, as organizações podem mitigar os riscos de forma eficaz, detetar e responder a ameaças de forma proactiva e manter a confiança e a credibilidade entre as partes interessadas.

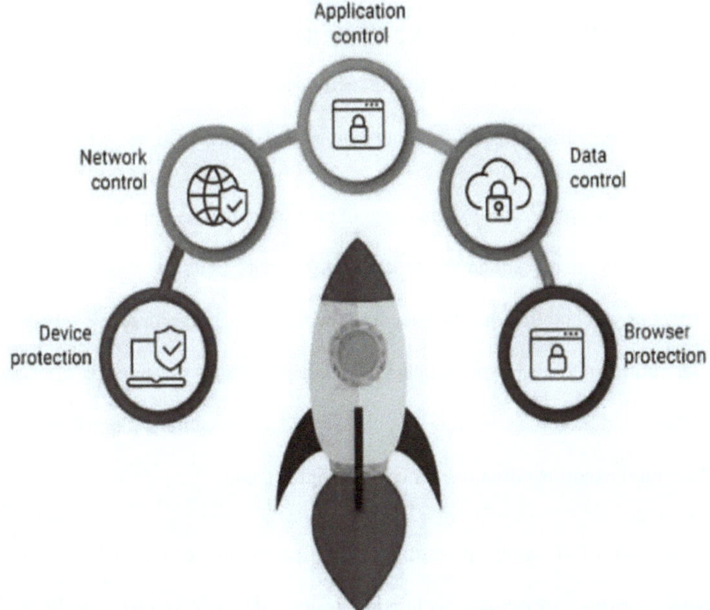

Fig. 3.2 Componentes principais da segurança dos pontos finais (Fonte: Xcitium)

CAPÍTULO 4 : A ARTE DA PIRATARIA INFORMÁTICA

"The Art of Hacking" explora as metodologias, técnicas e considerações éticas subjacentes às práticas de hacking. A pirataria informática, muitas vezes retratada de forma negativa, engloba um espetro de actividades - desde ataques cibernéticos maliciosos até à pirataria ética destinada a reforçar as defesas.

Neste livro, embarcamos numa viagem para compreender a pirataria informática não apenas como uma ferramenta de exploração, mas também como um meio de compreender as vulnerabilidades, fortalecer as medidas de cibersegurança e salvaguardar as infra-estruturas digitais. Exploramos as implicações éticas da pirataria informática, dando ênfase a práticas responsáveis que dão prioridade à segurança, à privacidade e à integridade num panorama digital cada vez mais interligado.

"The Art of Hacking" procura desmistificar a arte e a ciência do hacking, examinando vários aspectos, incluindo testes de penetração, avaliação de vulnerabilidades, engenharia social e estratégias defensivas. Através de ideias práticas, estudos de casos e directrizes éticas, este livro visa dotar os leitores de conhecimentos que lhes permitam enfrentar os desafios da cibersegurança de forma eficaz e ética.

"The Art of Hacking" oferece uma exploração abrangente para os entusiastas da cibersegurança e profissionais de TI neste domínio em evolução, destacando a sua relevância, impacto e a importância da conduta ética na salvaguarda dos activos e informações digitais.

4.1 Hacking ético vs. Hacking malicioso

A pirataria informática ética e a pirataria informática maliciosa representam duas abordagens opostas ao acesso e à manipulação de sistemas e redes informáticas. A pirataria ética, também conhecida como testes de penetração ou pirataria de chapéu branco, envolve a sondagem legal e sistemática de sistemas informáticos para identificar vulnerabilidades e pontos fracos. Os hackers éticos, frequentemente contratados por organizações, utilizam as suas competências para melhorar as medidas de segurança, proteger dados sensíveis e evitar ciberataques. Seguem um código de conduta rigoroso e obtêm as permissões necessárias antes de efectuarem as suas avaliações, assegurando que as suas acções são legais e se destinam a melhorar a segurança.

Por outro lado, a pirataria informática maliciosa, ou pirataria de chapéu preto, envolve o acesso não autorizado a sistemas com a intenção de roubar, danificar ou explorar dados para ganho pessoal ou para causar danos. Os hackers maliciosos utilizam técnicas como o phishing, a distribuição de malware e a exploração de vulnerabilidades de software para comprometer os sistemas. As suas actividades podem levar a perdas financeiras significativas, violações de dados e interrupção de serviços, representando graves riscos para indivíduos, empresas e governos.

Embora tanto os hackers éticos como os maliciosos possuam competências técnicas avançadas, as suas motivações e padrões éticos distinguem-nos. Os hackers éticos esforçam-se por proteger e tornar seguros os ambientes digitais, enquanto os hackers maliciosos procuram explorá-los e perturbá-los para fins ilícitos. A importância crescente da cibersegurança pôs em evidência o papel fundamental da pirataria informática ética na defesa contra as ameaças em constante evolução colocadas pelos piratas informáticos maliciosos.

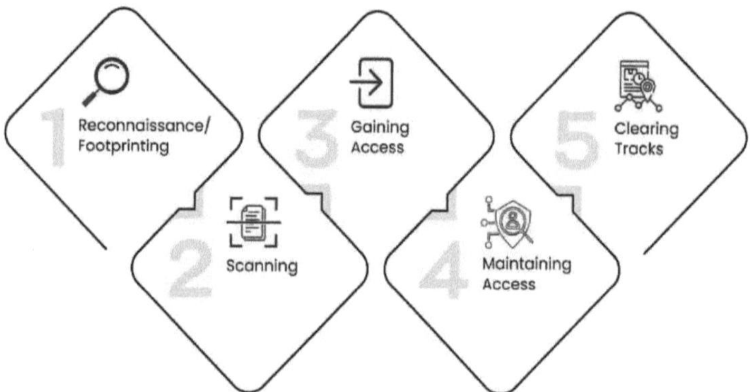

Fig 4.1 Fases do Ethical Hacking (Fonte: infosectrain)

Tabela 4.1 Comparação entre Hacker Ético e Hacker de Chapéu Preto

Ethical Hacker/White hat	Malicious Hacker/Black Hat
Hacks with authorization and on-behalf of an organization	Hacks without authorization
Shares information and issues uncovered for remedy to prevent future attacks	Takes adventage of vulnerabilities discovered within an organization's network
Penetrates networks and systems to evaluate potential vulnerabilities and exploits to provide actionable solutions	Seeks for personal gain to steal sensitive personal data to install malicious software or 'because they can'.

4.2 Técnicas e ferramentas comuns de pirataria informática

As técnicas e ferramentas comuns de pirataria informática abrangem uma vasta gama de métodos e software utilizados por hackers éticos e maliciosos para penetrar em sistemas e redes informáticas. Compreender estas técnicas e ferramentas é crucial para reforçar as defesas de cibersegurança.

Técnicas comuns de pirataria informática:

1. Phishing: O phishing consiste em enganar as pessoas para que revelem informações sensíveis, como palavras-passe ou números de cartões de crédito, fazendo-se passar por uma entidade de confiança nas comunicações electrónicas. O spear phishing tem como alvo indivíduos ou organizações específicas.

2. **Malware:** O malware refere-se a software malicioso concebido para perturbar, danificar ou obter acesso não autorizado a sistemas informáticos. Os tipos mais comuns incluem vírus, worms, Trojans, ransomware e spyware.

3. **Injeção de SQL:** A injeção de SQL explora vulnerabilidades em aplicações Web através da inserção de código SQL malicioso numa consulta, permitindo aos atacantes manipular bases de dados e aceder a dados não autorizados.

4. **Negação de serviço (DoS) e Negação de serviço distribuída (DDoS):** Estes ataques sobrecarregam um sistema, rede ou sítio Web com tráfego, tornando-o indisponível para os utilizadores. Os ataques DDoS envolvem vários sistemas comprometidos para inundar o alvo com tráfego.

5. **Man-in-the-Middle (MitM):** Num ataque MitM, o hacker intercepta e manipula a comunicação entre duas partes sem o seu conhecimento, podendo roubar ou alterar informações.

6. **Quebra de palavras-passe:** Esta técnica envolve a utilização de vários métodos para adivinhar ou recuperar uma palavra-passe de dados armazenados ou

transmitidos por um sistema informático. Os métodos mais comuns incluem ataques de força bruta, ataques de dicionário e tabelas de arco-íris.

7. **Exploração de vulnerabilidades de software:** Os piratas informáticos exploram vulnerabilidades conhecidas ou de dia zero no software para obter acesso não autorizado ou controlo sobre os sistemas. Isto envolve frequentemente a utilização de exploits específicos adaptados à vulnerabilidade.

Ferramentas comuns de pirataria informática:

1. **Metasploit:** Uma estrutura de testes de penetração de código aberto que ajuda os profissionais de segurança a encontrar, explorar e validar vulnerabilidades.

2. **Nmap:** Uma ferramenta de exploração de rede utilizada para descobrir anfitriões e serviços numa rede informática, enviando pacotes e analisando as respostas.

3. **Wireshark:** Um analisador de protocolos de rede que captura e apresenta dados que viajam para trás e para a frente numa rede em tempo real, útil para monitorizar e diagnosticar problemas de rede.

4. **Aircrack-ng:** Um conjunto de ferramentas utilizadas para avaliar a segurança de redes Wi-Fi, capaz de decifrar chaves WEP e WPA-PSK.

5. **Burp Suite:** Uma plataforma integrada para a realização de testes de segurança de aplicações Web, incluindo ferramentas para análise, rastreio e exploração de vulnerabilidades.

6. **John the Ripper:** Uma ferramenta popular de quebra de senhas que pode detetar senhas fracas e realizar ataques de dicionário e força bruta.

7. **Hydra:** Um cracker de login paralelizado que suporta vários protocolos de ataque, incluindo FTP, HTTP, SMTP e muito mais.

8. **SQLmap:** Uma ferramenta de código aberto que automatiza o processo de deteção e exploração de falhas de injeção de SQL e de controlo de servidores de bases de dados.

Estas técnicas e ferramentas realçam os diversos métodos que os piratas informáticos utilizam para se infiltrarem nos sistemas. Enquanto os hackers maliciosos as utilizam para fins ilícitos, os hackers éticos utilizam as mesmas ferramentas e técnicas para identificar e corrigir vulnerabilidades, melhorando a segurança geral. Compreender e mitigar estas ameaças é essencial para proteger os bens digitais no mundo interligado de hoje.

4.3 Avaliação de vulnerabilidades e testes de penetração

A Avaliação de Vulnerabilidades e os Testes de Penetração (VAPT) são componentes críticos de uma estratégia abrangente de cibersegurança, ajudando as organizações a identificar e atenuar as fragilidades de segurança nos seus sistemas e redes.

Avaliação da vulnerabilidade:

Uma avaliação de vulnerabilidades é um processo sistemático utilizado para identificar, classificar e dar prioridade às vulnerabilidades de segurança em sistemas informáticos, redes e aplicações. Este processo envolve a utilização de ferramentas automatizadas e técnicas manuais para procurar potenciais pontos fracos que possam ser explorados por agentes maliciosos. As principais etapas de uma avaliação de vulnerabilidade incluem:

1. **Descoberta:** Identificação de todos os activos no âmbito da avaliação, incluindo servidores, estações de trabalho, dispositivos de rede e aplicações.

2. **Análise:** Utilização de ferramentas automatizadas para analisar os activos identificados em busca de vulnerabilidades conhecidas. Ferramentas como

Nessus, OpenVAS e Qualys são normalmente utilizadas para este fim.

3. **Análise:** Revisão dos resultados do scan para determinar a importância e o potencial impacto das vulnerabilidades identificadas. Isto envolve a avaliação do risco associado a cada vulnerabilidade, considerando factores como a gravidade, a facilidade de exploração e o papel do ativo na organização.

4. **Relatórios:** Documentar as conclusões num relatório detalhado que descreva as vulnerabilidades identificadas, o seu potencial impacto e as medidas de correção recomendadas. O relatório deve dar prioridade às vulnerabilidades com base no seu nível de risco.

Testes de penetração:

Os testes de penetração, ou hacking ético, vão mais longe, simulando ataques reais para explorar as vulnerabilidades identificadas e determinar o seu impacto na organização. Este processo envolve um técnico especializado em testes de penetração, frequentemente designado por "pentester", que utiliza uma combinação de ferramentas automatizadas e técnicas manuais para tentar violar o sistema. As principais etapas de um teste de penetração incluem:

1. **Planeamento:** Definir o âmbito e os objectivos do teste, incluindo os sistemas e aplicações que serão testados e os métodos de teste a utilizar. Esta etapa também envolve a obtenção das permissões necessárias para garantir que o teste seja realizado de forma legal e ética.

2. **Reconhecimento:** Recolha de informações sobre os sistemas alvo para identificar potenciais pontos de entrada. Isto pode envolver técnicas passivas, como a análise

de informações publicamente disponíveis, e técnicas activas, como o scanning da rede.

3. **Exploração:** Tentativa de explorar as vulnerabilidades identificadas para obter acesso não autorizado a sistemas, aplicações ou dados. Este passo imita as acções de um atacante real e tem como objetivo determinar a extensão dos potenciais danos.

4. **Pós-exploração:** Avaliar o nível de acesso obtido e o potencial impacto da exploração. Isto envolve a identificação de dados críticos, controlos de sistema e medidas de segurança que foram contornados.

5. **Relatórios:** Compilação de um relatório exaustivo detalhando as descobertas, incluindo a forma como as vulnerabilidades foram exploradas, o nível de acesso alcançado e o potencial impacto na organização. O relatório também deve incluir recomendações para correção e reforço das medidas de segurança.

6. **Correção e novo teste:** Implementação das medidas de correção recomendadas para resolver as vulnerabilidades identificadas e realização de um teste de acompanhamento para garantir que os problemas foram resolvidos de forma eficaz.

Importância do VAPT:

A VAPT é essencial para manter uma segurança robusta, identificando e resolvendo proactivamente as vulnerabilidades antes de estas poderem ser exploradas pelos atacantes. Os exercícios VAPT regulares ajudam as organizações a:

- Melhorar a sua postura de segurança, identificando e mitigando potenciais ameaças.

- Assegurar a conformidade com as normas e regulamentos do sector que exigem avaliações de segurança regulares.

- Criar confiança junto dos clientes e das partes interessadas, demonstrando um compromisso com a cibersegurança.

- Aumentar a eficácia dos planos de resposta a incidentes, identificando potenciais vectores de ataque e reforçando as defesas.

Combinando avaliações de vulnerabilidade com testes de penetração, as organizações podem obter uma compreensão abrangente dos seus pontos fracos de segurança e tomar medidas específicas para proteger os seus activos críticos.

Quadro 4.2 Diferença entre avaliação de vulnerabilidades e testes de penetração (Chandan Sahoo Qualysec)

Penetration Testing	Vulnerability Assessment
Used for critical real-time systems	Used for non-critical systems.
It is a simulated cyberattack done by professional ethical hackers.	It's an automated assessment performed by automation tools.
Cleans up the system and gives the final report.	Eliminates potential vulnerabilities of valuable resources.
Cleans up the system and gives the final report.	Discovers potential threat
It is a simulated cyberattack done by professional ethical hackers.	The main goal is to list known vulnerabilities that need to be exploited.

CAPÍTULO 5 : O ELEMENTO HUMANO NA CIBERSEGURANÇA

O elemento humano na cibersegurança é um fator crítico que influencia a eficácia da defesa de uma organização contra as ciberameaças. Apesar dos avanços tecnológicos e das soluções de segurança automatizadas, o comportamento humano continua a ser uma vulnerabilidade significativa no panorama da cibersegurança. Os funcionários, muitas vezes vistos como o elo mais fraco, podem comprometer inadvertidamente a segurança através de acções como ser vítima de ataques de phishing, utilizar palavras-passe fracas ou manipular incorretamente informações sensíveis. Por outro lado, uma equipa bem formada e vigilante pode servir como uma forte linha de defesa, detectando e prevenindo potenciais ameaças. O elemento humano também engloba o papel dos profissionais de cibersegurança que concebem, implementam e gerem estratégias de segurança. A sua experiência e discernimento são cruciais para responder a incidentes, identificar vulnerabilidades e garantir a melhoria contínua das práticas de segurança. Por conseguinte, a abordagem do elemento humano através de uma formação abrangente, de programas de sensibilização e da promoção de uma cultura de segurança é essencial para criar uma postura de cibersegurança resiliente.

5.1 Ataques de engenharia social

Os ataques de engenharia social são uma forma de ciberataque que se baseia na manipulação de indivíduos para que divulguem informações confidenciais ou realizem acções que comprometam a segurança. Estes ataques exploram a psicologia humana em vez de vulnerabilidades técnicas, o que os torna uma ameaça significativa no panorama da cibersegurança. Compreender os vários tipos de ataques de engenharia social e os seus mecanismos pode ajudar as organizações a desenvolver defesas eficazes.

Tipos de ataques de engenharia social

1. Phishing: O phishing é uma das formas mais comuns e conhecidas de engenharia social. Os atacantes enviam e-mails ou mensagens fraudulentas que parecem vir de fontes respeitáveis, como bancos, empresas ou colegas. O objetivo é induzir os destinatários a clicar em ligações ou anexos maliciosos, levando à instalação de malware ou à divulgação de informações pessoais, como credenciais de início de sessão e números de cartões de crédito.

2. **Spear Phishing:** Spear phishing é uma forma de phishing direccionada para indivíduos ou organizações específicas. Os atacantes personalizam as suas mensagens com base em pesquisas detalhadas sobre a vítima, tornando o engano mais convincente. Por exemplo, podem referir-se a projectos ou colegas específicos, aumentando a probabilidade de a vítima cair no esquema.

3. **Pretexto:** O pretexto envolve a criação de um cenário ou pretexto fabricado para obter informações de um alvo. Os atacantes fazem-se frequentemente passar por figuras de autoridade, como pessoal de TI ou agentes da autoridade, para ganhar confiança e convencer as vítimas a fornecer dados sensíveis ou a realizar acções que comprometam a segurança.

4. **Isco:** O engodo envolve seduzir as vítimas com promessas de bens ou serviços para as encorajar a envolverem-se com conteúdos maliciosos. Por exemplo, os atacantes podem deixar unidades USB infectadas com títulos tentadores (por exemplo, "Informações confidenciais sobre salários") em locais públicos, esperando que alguém as apanhe e as ligue aos seus computadores.

5. **Quid Pro Quo:** Nos ataques quid pro quo, o atacante oferece um serviço ou benefício em troca de informação ou acesso. Um cenário comum envolve

atacantes que se fazem passar por apoio técnico e se oferecem para resolver um problema inexistente, obtendo assim acesso remoto ao computador da vítima e a informações sensíveis.

6. **Acompanhamento:** O acompanhamento, ou "piggybacking", ocorre quando uma pessoa não autorizada segue um indivíduo autorizado para uma área restrita. Esta violação da segurança física é muitas vezes facilitada por normas sociais, tais como segurar a porta aberta para alguém, e pode levar a compromissos de segurança significativos se a pessoa não autorizada obtiver acesso a áreas sensíveis.

7. Vishing: O vishing, ou phishing por voz, utiliza chamadas telefónicas para enganar as pessoas e levá-las a fornecer informações pessoais. Os atacantes falsificam frequentemente os identificadores de chamadas para se fazerem passar por entidades legítimas, como bancos ou agências governamentais, e utilizam tácticas de persuasão para extrair dados sensíveis das vítimas.

Mecanismos e técnicas

Os ataques de engenharia social baseiam-se numa variedade de princípios e técnicas psicológicas para manipular as vítimas, incluindo:

1. **Autoridade e confiança:** Os atacantes fazem-se muitas vezes passar por figuras de autoridade ou entidades de confiança para explorar a tendência natural das pessoas para satisfazerem pedidos de figuras de autoridade.

2. **Urgência e medo:** Criar um sentimento de urgência ou medo pode pressionar as vítimas a atuar rapidamente sem verificar a autenticidade do pedido. Por exemplo, os atacantes podem afirmar que é necessária uma ação imediata para evitar

consequências graves, como a suspensão da conta ou uma ação judicial.

3. **Reciprocidade:** O princípio da reciprocidade consiste em oferecer algo de valor à vítima, fazendo com que esta se sinta obrigada a retribuir o favor. Esta técnica é frequentemente utilizada em ataques do tipo quid pro quo e baiting.

4. **Prova social:** A prova social aproveita a tendência dos indivíduos para seguirem as acções dos outros, especialmente em situações de incerteza. Os atacantes podem insinuar que outros cumpriram o pedido, tornando mais provável que a vítima faça o mesmo.

5. **Escassez:** O princípio da escassez envolve a criação de uma perceção de disponibilidade ou tempo limitados, levando as vítimas a agir rapidamente para garantir o benefício oferecido. Esta tática é normalmente utilizada em ataques de isco e de phishing.

Defesas contra a engenharia social

1. **Educação e formação:** Programas de formação regulares podem ajudar os funcionários a reconhecer e responder a ataques de engenharia social. Isto inclui o conhecimento das tácticas comuns, a compreensão da importância de verificar os pedidos e saber como comunicar actividades suspeitas.

2. **Procedimentos de verificação:** A implementação de procedimentos de verificação rigorosos para pedidos que envolvam informações ou acessos sensíveis pode impedir que os atacantes explorem facilmente a confiança. Isto pode incluir autenticação multi-fator, procedimentos de retorno de chamada e verificação de identidades através de múltiplos canais.

3. **Políticas de segurança:** O estabelecimento de políticas e protocolos de segurança

claros pode reduzir o risco de ataques de engenharia social. Os funcionários devem ter conhecimento destas políticas e compreender os procedimentos correctos para o tratamento de informações sensíveis.

4. **Controlos técnicos:** As medidas técnicas, como filtros de correio eletrónico, software anti-malware e sistemas de deteção de intrusões, podem ajudar a detetar e bloquear tentativas de engenharia social. Além disso, a implementação de controlos de acesso com privilégios mínimos pode limitar os danos potenciais de ataques bem sucedidos.

5. **Resposta a incidentes:** A existência de um plano sólido de resposta a incidentes garante que qualquer ataque de engenharia social bem sucedido é rapidamente contido e atenuado. Isto inclui canais de comunicação claros, equipas de resposta rápida e procedimentos para investigar e resolver as violações.

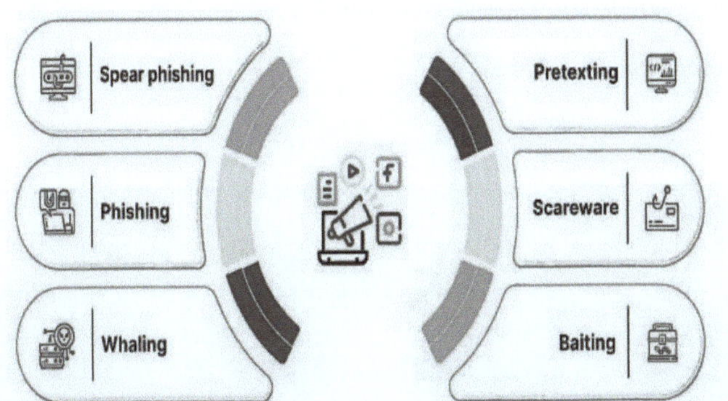

Fig. 5.1 Técnicas de ataque de engenharia social (Fonte: Externetworks)

Os ataques de engenharia social são uma ameaça generalizada que explora a psicologia humana para comprometer a segurança. Ao compreender os vários tipos de ataques e implementar defesas abrangentes, as organizações podem reduzir significativamente a sua vulnerabilidade a estas tácticas enganadoras. A formação, a verificação, as políticas sólidas, os controlos técnicos e um plano sólido de resposta a incidentes são componentes essenciais de uma estratégia de defesa eficaz contra a engenharia social.

5.2 Sensibilização e formação em matéria de segurança

Sensibilização e formação em matéria de segurança

A sensibilização e a formação em segurança são componentes fundamentais da estratégia de cibersegurança de uma organização, concebidas para educar os funcionários sobre a importância da cibersegurança e equipá-los com os conhecimentos e as competências necessárias para proteger a organização contra várias ciberameaças. Um programa de formação e sensibilização para a segurança bem estruturado não só ajuda a minimizar o risco de erro humano, como também promove uma cultura consciente da segurança dentro da organização.

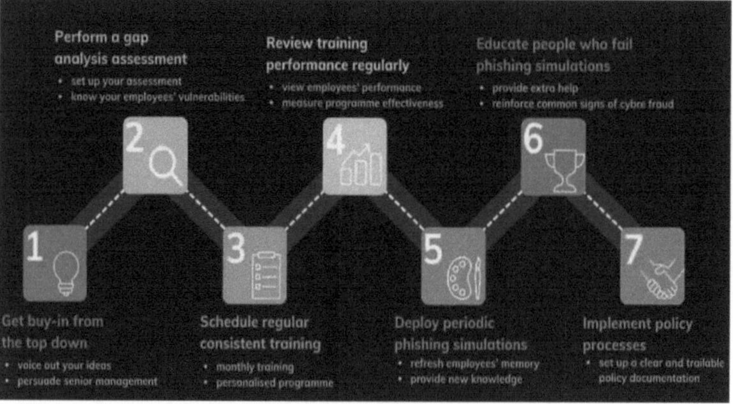

Fig. 5.2 Principais passos para implementar a formação de sensibilização para a segurança (Fonte: secure)

Importância da sensibilização e da formação em matéria de segurança

1. **Reduzir o erro humano:** O erro humano é uma das principais causas das violações de segurança. Os funcionários que têm conhecimento das melhores práticas de cibersegurança têm menos probabilidades de serem vítimas de ataques de phishing, de utilizarem incorretamente informações sensíveis ou de introduzirem inadvertidamente malware na rede da organização.

2. **Conformidade:** Muitos regulamentos e normas, como o GDPR, HIPAA e PCI-DSS, exigem formação de segurança regular para os funcionários. Um programa de treinamento robusto garante que a organização permaneça em conformidade com esses requisitos legais.

3. **Resposta a incidentes:** Os funcionários com formação podem reconhecer sinais de potenciais incidentes de segurança e saber como responder adequadamente. Isto pode reduzir significativamente o impacto de uma violação e acelerar a recuperação.

4. **Promover uma cultura de segurança:** A formação contínua promove uma cultura em que a segurança é uma responsabilidade partilhada. Quando os funcionários compreendem a importância da cibersegurança e o seu papel na manutenção da mesma, é mais provável que adiram às políticas e procedimentos de segurança.

Principais componentes dos programas de formação e sensibilização para a segurança

1. **Currículo abrangente:** O programa de formação deve abranger uma vasta gama de tópicos, incluindo, mas não se limitando a:

   o Phishing e engenharia social

   o Segurança e gestão de senhas

   o Proteção de dados e privacidade

   o Utilização segura da Internet e do correio eletrónico

   o Identificar e comunicar incidentes de segurança

   o Segurança física e gestão de dispositivos

   o Requisitos de conformidade e regulamentos

2. **Conteúdo cativante:** Os materiais de formação devem ser cativantes e interactivos para manter os empregados interessados e envolvidos. Isto pode incluir vídeos, questionários, simulações e exercícios práticos.

3. **Actualizações regulares:** A cibersegurança é um domínio em constante evolução, com o aparecimento constante de novas ameaças e vulnerabilidades. O programa de formação deve ser atualizado regularmente para refletir as ameaças mais recentes e as melhores práticas.

4. **Formação à medida:** Diferentes funções dentro da organização podem enfrentar diferentes tipos de ameaças. Adaptar a formação para abordar riscos específicos associados a várias funções garante que todos os funcionários recebem informações relevantes e aplicáveis.

5. **Métricas e avaliação:** É fundamental medir a eficácia do programa de formação. Isso pode ser feito através de avaliações regulares, como questionários e ataques

de phishing simulados, para medir a compreensão e a retenção do material pelos funcionários. O acompanhamento destas métricas ao longo do tempo ajuda a identificar as áreas que precisam de ser melhoradas.

6. **Reforço e aprendizagem contínua:** A sensibilização para a segurança não deve ser um evento único, mas sim um processo contínuo. Lembretes regulares, boletins informativos e sessões de formação de acompanhamento ajudam a reforçar a importância da cibersegurança e a manter os funcionários actualizados sobre novas ameaças e políticas.

Estratégias para uma sensibilização e formação eficazes em matéria de segurança

1. **Apoio executivo:** Ter o apoio visível da direção sublinha a importância do programa de formação e incentiva a participação dos colaboradores.

2. **Gamificação:** A incorporação de elementos de gamificação, tais como pontos, distintivos e tabelas de classificação, pode tornar a formação mais cativante e motivar os funcionários a levá-la a sério.

3. **Cenários do mundo real:** A utilização de exemplos do mundo real e de estudos de caso ajuda os colaboradores a compreender as implicações práticas das ameaças à cibersegurança e a forma como estas podem afetar a organização.

4. **Simulações de phishing:** A realização regular de simulações de phishing ajuda os funcionários a praticar a identificação e a resposta a tentativas de phishing num ambiente controlado.

5. **Mecanismos de feedback:** A disponibilização de uma plataforma para os empregados colocarem questões, partilharem experiências e darem feedback sobre o programa de formação pode ajudar a melhorar a sua eficácia e relevância.

6. **Reconhecimento e recompensas:** Reconhecer e recompensar os funcionários que demonstram fortes práticas de cibersegurança pode incentivar outros a seguir o exemplo e promover uma cultura de segurança positiva.

A sensibilização e a formação em segurança são vitais para proteger uma organização contra as ciberameaças. Ao educar os funcionários sobre as práticas de segurança mais recentes e incutir uma cultura de vigilância e responsabilidade, as organizações podem reduzir significativamente o risco de violações causadas por erro humano. Um programa bem sucedido requer conteúdos abrangentes, envolventes e continuamente actualizados, adaptados às necessidades das diferentes funções dentro da organização. Avaliações regulares, apoio executivo e reforço contínuo garantem que a sensibilização para a segurança continua a ser uma prioridade máxima, capacitando os funcionários para serem a primeira linha de defesa na estratégia de cibersegurança da organização.

5.3 Aspectos comportamentais da cibersegurança

Os aspectos comportamentais da cibersegurança centram-se na forma como o comportamento humano afecta a segurança dos sistemas de informação. A compreensão destes aspectos é crucial para o desenvolvimento de medidas de segurança eficazes que abordem não só as vulnerabilidades técnicas, mas também os factores humanos que podem conduzir a violações de segurança. Ao examinar as influências psicológicas, sociais e culturais no comportamento, as organizações podem criar estratégias de segurança mais abrangentes e resistentes.

Comportamento humano e cibersegurança

1. **Vieses cognitivos:** Os enviesamentos cognitivos são padrões sistemáticos de desvio da norma ou da racionalidade no julgamento, que podem afetar os processos de tomada de decisão. No contexto da cibersegurança, os enviesamentos cognitivos comuns incluem

   o **Excesso de confiança:** Acreditar que os conhecimentos e as medidas de cibersegurança são suficientes, levando à complacência.

   o **Viés de confirmação:** Concentrar-se nas informações que confirmam as crenças existentes e ignorar as informações contrárias, o que pode levar a subestimar as ameaças.

   o **Heurística da disponibilidade:** Sobrestimar a probabilidade de acontecimentos recentes ou memoráveis, o que pode distorcer a perceção do risco.

2. **Engenharia social:**

   A engenharia social explora a psicologia humana para manipular os indivíduos no sentido de divulgarem informações confidenciais ou realizarem acções que comprometam a segurança. Técnicas como o phishing, o pretexting e o baiting baseiam-se na exploração da confiança, da autoridade e da urgência.

3. **Fadiga de segurança:**

   A fadiga da segurança ocorre quando os indivíduos ficam sobrecarregados com as exigências constantes de manutenção da segurança, levando à negligência e a comportamentos de risco. Isto pode resultar da proliferação de protocolos de segurança, das frequentes mudanças de palavra-passe e da vigilância constante necessária para evitar ciberameaças.

4. **Ameaças internas:**

As ameaças internas envolvem funcionários ou indivíduos de confiança que, intencionalmente ou não, causam danos à segurança de uma organização. Isto pode dever-se a intenções maliciosas, como o roubo de dados, ou a acções inadvertidas, como cair num esquema de phishing.

5. **Conformidade e motivação:**

A vontade dos empregados de aderir às políticas de segurança é influenciada pela sua motivação e compreensão da importância dessas medidas. Factores como a perceção da gravidade das ameaças, a cultura organizacional e a responsabilidade pessoal desempenham um papel importante na conformidade.

Influências psicológicas no comportamento em matéria de cibersegurança

1. **Perceção do risco:** A forma como os indivíduos percepcionam o risco afecta o seu comportamento em relação à cibersegurança. Se os funcionários subestimarem o potencial impacto de uma ameaça cibernética, é menos provável que sigam os protocolos de segurança. Por outro lado, a sobrestimação do risco pode levar a um medo desnecessário e a um comportamento de evitamento.

2. **Confiança:** A confiança na tecnologia, nos processos e nos colegas de trabalho afecta o comportamento em matéria de cibersegurança. A confiança excessiva em medidas de segurança automatizadas pode levar à complacência, enquanto a falta de confiança nas políticas de segurança pode resultar em incumprimento.

3. **Stress e pressão:** Níveis elevados de stress e pressão no local de trabalho podem levar a erros e atalhos que comprometem a segurança. Por exemplo, os funcionários com prazos apertados podem contornar os protocolos de segurança para concluir as tarefas rapidamente.

4. **Formação e consciencialização:** Os programas regulares de formação e consciencialização podem influenciar positivamente o comportamento, educando os funcionários sobre potenciais ameaças e práticas de segurança adequadas. Uma formação eficaz deve ser cativante, relevante e adaptada às diferentes funções dentro da organização.

Factores sociais e culturais

1. **Cultura organizacional:** A cultura geral de uma organização tem um impacto significativo no comportamento de cibersegurança. Uma cultura que dá prioridade à segurança, promove a comunicação aberta e incentiva a comunicação de actividades suspeitas promove um ambiente mais seguro.

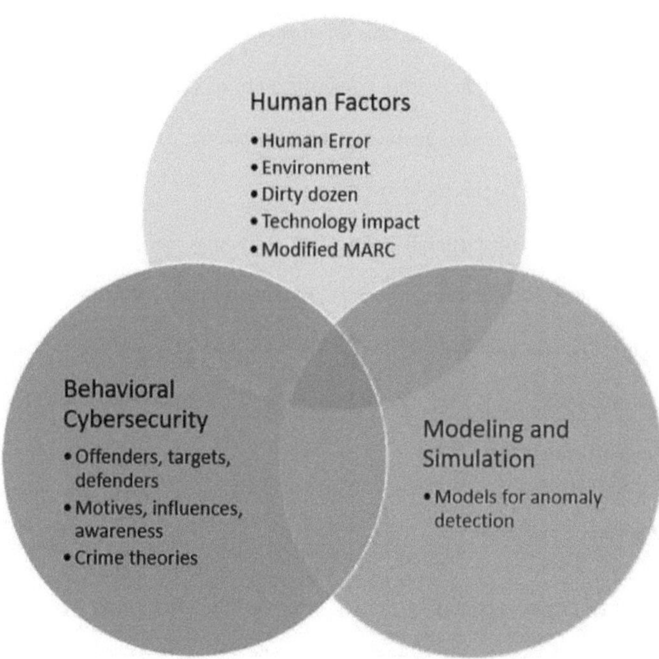

Fig 5.3 Enquadramento interdisciplinar da cibersegurança (Caulkins, 2017)

2. **Influência dos pares:** Os funcionários são influenciados pelo comportamento dos seus pares. Se as melhores práticas de cibersegurança forem observadas e reforçadas entre colegas, é mais provável que os indivíduos sigam o exemplo.

3. **Liderança e gestão:** O compromisso e o comportamento da liderança em relação à cibersegurança definem o tom para toda a organização. Os líderes que demonstram um forte compromisso com a segurança e dão o exemplo incentivam os funcionários a dar prioridade à segurança.

Estratégias para melhorar o comportamento em matéria de cibersegurança

1. **Intervenções comportamentais:** A utilização de técnicas de ciência comportamental, tais como sugestões e sugestões, pode incentivar um comportamento seguro. Por exemplo, lembretes e dicas visuais podem levar os funcionários a seguir protocolos de segurança.

2. **Gamificação:** A incorporação de elementos de gamificação nos programas de formação pode tornar a aprendizagem sobre cibersegurança mais envolvente e motivadora. Pontos, distintivos e tabelas de classificação podem incentivar os funcionários a participar ativamente na formação em segurança.

3. **Comunicação clara:** Comunicar a importância da cibersegurança em termos claros e compreensíveis ajuda os funcionários a compreenderem o seu papel na proteção da organização. Actualizações regulares e uma comunicação transparente sobre ameaças e políticas reforçam a mensagem.

4. **Reforço positivo:** Reconhecer e recompensar os funcionários que demonstram boas práticas de cibersegurança pode reforçar o comportamento positivo e incentivar outros a seguirem o exemplo.

5. **Políticas de segurança adaptáveis:** As políticas de segurança devem ser flexíveis e adaptáveis, tendo em conta as diversas necessidades e comportamentos dos funcionários. Simplificar protocolos complexos e torná-los fáceis de utilizar pode melhorar a conformidade.

Os aspectos comportamentais da cibersegurança são fundamentais para compreender e atenuar as vulnerabilidades relacionadas com o ser humano. Ao abordar as tendências cognitivas, melhorar a perceção do risco, promover uma cultura organizacional positiva e empregar intervenções estratégicas, as organizações podem melhorar significativamente a sua postura de cibersegurança. A formação, a comunicação e a liderança desempenham papéis vitais na formação do comportamento, tornando essencial a integração destes elementos numa estratégia de segurança abrangente. Ao dar prioridade ao elemento humano juntamente com as medidas técnicas, as organizações podem construir uma defesa mais robusta e resiliente contra as ciberameaças.

CAPÍTULO 6 : TÉCNICAS AVANÇADAS DE CIBERSEGURANÇA

As técnicas avançadas de cibersegurança abrangem uma série de métodos e tecnologias sofisticados concebidos para proteger os activos digitais e os sistemas de informação contra ciberameaças cada vez mais complexas. Estas técnicas incluem o recurso à inteligência artificial e à aprendizagem automática para a deteção e resposta a ameaças, a utilização de arquitecturas de confiança zero para eliminar a confiança implícita nas redes e a utilização de métodos avançados de encriptação para proteger os dados em trânsito e em repouso. Além disso, técnicas como a análise comportamental, que monitoriza e analisa o comportamento do utilizador para detetar anomalias, e plataformas de inteligência contra ameaças, que agregam e analisam dados sobre ameaças para antecipar e mitigar potenciais ataques, fazem parte integrante das estratégias modernas de cibersegurança. Estes métodos avançados são essenciais para lidar com o cenário de ameaças em evolução, garantindo uma proteção robusta contra os cibercriminosos e mantendo a integridade e a confidencialidade das informações sensíveis num mundo cada vez mais digital.

6.1 Encriptação e proteção de dados

A encriptação e a proteção de dados são componentes fundamentais da cibersegurança moderna, garantindo que as informações sensíveis permanecem seguras e confidenciais. Estas técnicas protegem os dados contra o acesso não autorizado, a adulteração e as violações, proporcionando uma camada crítica de defesa contra as ciberameaças.

Encriptação

A encriptação é o processo de conversão de texto simples num formato ilegível, conhecido como texto cifrado, utilizando um algoritmo e uma chave de encriptação. Apenas as partes autorizadas com a chave de desencriptação correcta podem converter o texto cifrado novamente na sua forma original e legível.

1. **Tipos de encriptação:**

   o **Encriptação simétrica:** A encriptação simétrica utiliza a mesma chave tanto para a encriptação como para a desencriptação. É eficiente e adequada para encriptar grandes quantidades de dados. Os algoritmos comuns de encriptação simétrica incluem o AES (Advanced Encryption Standard) e o DES (Data Encryption Standard).

      Exemplo:

      ▪ **AES-256:** Uma norma de encriptação amplamente utilizada que oferece um elevado nível de segurança e é utilizada em várias aplicações, desde a segurança das comunicações online até à proteção de dados sensíveis em bases de dados.

   o **Encriptação assimétrica:** A encriptação assimétrica utiliza um par de chaves: uma chave pública para a encriptação e uma chave privada para a desencriptação. Este método é frequentemente utilizado para troca segura de chaves e assinaturas digitais. Os algoritmos comuns de encriptação assimétrica incluem o RSA (Rivest-Shamir-Adleman) e o ECC (Elliptic Curve Cryptography).

      Exemplo:

      ▪ **RSA:** Frequentemente utilizado para proteger a transmissão de dados, particularmente nos protocolos SSL/TLS que protegem as comunicações na Internet.

2. **Aplicações da cifragem:**

   o **Dados em trânsito:** Protege os dados transmitidos através de redes contra escutas e intercepções. Protocolos como SSL/TLS (Secure Sockets Layer/Transport Layer Security) e VPNs (Virtual Private Networks) utilizam a encriptação para proteger os dados em trânsito.

   o **Dados em repouso:** Protege os dados armazenados em dispositivos e suportes de armazenamento contra o acesso não autorizado. Ferramentas de encriptação total do disco (FDE), como o BitLocker e o

   FileVault, encriptam unidades inteiras, enquanto as ferramentas de encriptação ao nível dos ficheiros protegem ficheiros ou pastas específicos.

   o **Encriptação de ponta a ponta:** Garante que os dados são encriptados no dispositivo do remetente e apenas desencriptados no dispositivo do destinatário, impedindo que os intermediários acedam ao conteúdo. Aplicações como o WhatsApp e o Signal utilizam a encriptação de ponta a ponta para mensagens seguras.

3. **Gestão de chaves de encriptação:**

   o **Geração de chaves:** Criação de chaves fortes e imprevisíveis utilizando algoritmos criptográficos.

   Exemplo:

   Geradores de números aleatórios (RNGs): Utilizados para produzir chaves criptográficas que são resistentes a ataques.

- o **Distribuição de chaves:** Distribuição segura de chaves de encriptação a partes autorizadas. A encriptação assimétrica é frequentemente utilizada para a troca de chaves em sistemas de encriptação simétrica.

- o **Armazenamento de chaves:** Armazenamento seguro de chaves de encriptação para evitar o acesso não autorizado. Os módulos de segurança de hardware (HSMs) e os serviços de gestão de chaves (KMS) são normalmente utilizados para o armazenamento seguro de chaves.

- o **Rotação de chaves:** Atualização regular das chaves de encriptação para minimizar o risco de comprometimento das chaves.

Proteção de dados

A proteção de dados engloba uma gama mais vasta de práticas e tecnologias concebidas para proteger os dados contra perda, corrupção e acesso não autorizado.

1. **Controlos de acesso:** Implementação de medidas para garantir que apenas indivíduos autorizados podem aceder a dados sensíveis. Os controlos de acesso podem ser aplicados através de:

   - o **Autenticação:** Verificar a identidade dos utilizadores através de métodos como palavras-passe, biometria e autenticação multifactor (MFA).

   - o **Autorização:** Conceder aos utilizadores acesso a dados e recursos específicos com base nas suas funções e permissões.

2. **Mascaramento de dados:** Ocultação de dados específicos numa base de dados para os proteger de acessos não autorizados, preservando a sua capacidade de

utilização para análise e teste.

Exemplo:

- o **Tokenização:** Substituição de dados sensíveis por tokens não sensíveis que podem ser mapeados de volta aos dados originais apenas por sistemas autorizados.

3. **Prevenção de perda de dados (DLP):** Monitorização e controlo da transferência de dados para evitar a exfiltração não autorizada de dados. Os sistemas DLP podem aplicar políticas que restringem o movimento de dados confidenciais para fora da organização.

Exemplo:

- o **Email DLP:** Análise de e-mails enviados para evitar a partilha acidental ou intencional de informações sensíveis.

4. **Cópia de segurança e recuperação:** Criação de cópias de dados para garantir que podem ser restaurados em caso de perda ou corrupção de dados. As cópias de segurança regulares, combinadas com um armazenamento seguro e procedimentos de recuperação eficazes, são essenciais para a proteção dos dados.

Exemplo:

- o **Backups incrementais:** Efetuar cópias de segurança apenas dos dados que foram alterados desde a última cópia de segurança, reduzindo os requisitos de armazenamento e melhorando os tempos de recuperação.

5. **Anonimização e Pseudonimização:** Técnicas utilizadas para proteger dados

pessoais através da remoção ou ofuscação de informações identificáveis.

Exemplo:

- o **Anonimização:** Remoção permanente de informações de identificação, impossibilitando o rastreio de dados até um indivíduo.

- o **Pseudonimização:** Substituição de informações de identificação por pseudónimos, que podem ser revertidos, se necessário, em condições controladas.

6. **Conformidade e considerações legais:** Garantir que as práticas de proteção de dados estão em conformidade com as leis e os regulamentos relevantes, como o RGPD, a HIPAA e a CCPA. Estes regulamentos exigem frequentemente medidas específicas de proteção de dados e concedem aos indivíduos direitos sobre os seus dados pessoais.

7. **Monitorização da segurança e resposta a incidentes:** Monitorizar continuamente os sistemas para detetar sinais de violações de dados e responder prontamente a incidentes. A implementação de sistemas de gestão de eventos e informações de segurança (SIEM) pode ajudar a detetar e analisar potenciais ameaças em tempo real.

A encriptação e a proteção de dados são vitais para salvaguardar informações sensíveis num mundo cada vez mais digital. Ao implementar métodos de encriptação robustos, gerir eficazmente as chaves de encriptação e adotar práticas abrangentes de proteção de dados, as organizações podem proteger os seus dados contra acesso não autorizado, perda e violações.

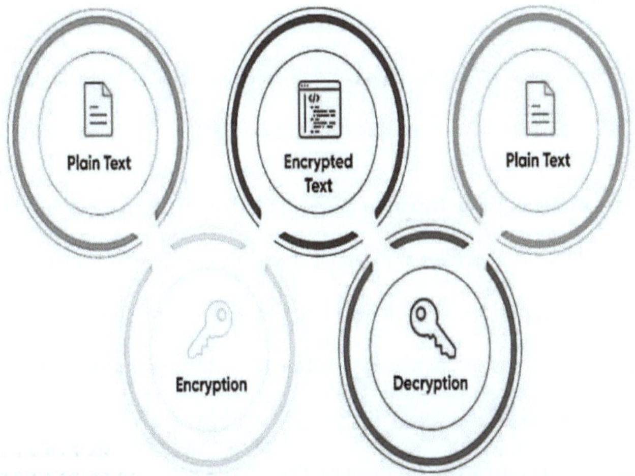

Fig. 6.1 Processo de encriptação (Fonte: netsolutions)

Estas medidas, combinadas com uma forte ênfase na conformidade e na monitorização contínua, garantem que os dados permanecem seguros e confidenciais, apoiando a integridade e a fiabilidade dos sistemas de informação.

6.2 Sistemas de deteção e prevenção de intrusões

Os sistemas de deteção e prevenção de intrusões (IDPS) são componentes essenciais da infraestrutura moderna de cibersegurança, concebidos para detetar, analisar e responder a actividades não autorizadas numa rede ou sistema. Estes sistemas desempenham um papel fundamental na identificação de potenciais violações de segurança, atenuando as ameaças e garantindo a segurança geral dos sistemas de informação.

Visão geral do IDPS

Os IDPS podem ser classificados em dois tipos principais: Sistemas de Deteção de Intrusão (IDS) e Sistemas de Prevenção de Intrusão (IPS).

- **Sistemas de Deteção de Intrusão (IDS):** O IDS monitoriza o tráfego de rede ou as actividades do sistema para detetar sinais de comportamento malicioso ou violações de políticas. Funciona principalmente para detetar e alertar os administradores sobre potenciais incidentes de segurança sem bloquear ativamente o tráfego.

- **Sistemas de Prevenção de Intrusões (IPS):** O IPS não só detecta como também toma medidas proactivas para impedir e bloquear actividades potencialmente prejudiciais. Pode eliminar pacotes maliciosos, terminar ligações e aplicar políticas de segurança em tempo real para impedir ataques.

Tipos de IDPS

1. **Sistemas de deteção e prevenção de intrusões baseados na rede (NIDPS):** Os NIDPS são instalados em pontos estratégicos da rede para monitorizar o tráfego de entrada e de saída. Analisam os pacotes de rede para detetar actividades maliciosas.

   Exemplo:

   - o **Snort:** Um sistema de deteção e prevenção de intrusões de rede de código aberto capaz de analisar o tráfego em tempo real e registar pacotes.

2. **Sistemas de deteção e prevenção de intrusões baseados no anfitrião (HIDPS):** Os HIDPS são instalados em anfitriões ou dispositivos individuais para

monitorizar chamadas de sistema, modificações do sistema de ficheiros, registos de aplicações e outras actividades locais para detetar comportamentos suspeitos.

Exemplo:

- o **OSSEC:** Um IDS de código aberto baseado no anfitrião que efectua análise de registos, verificação da integridade dos ficheiros e monitorização de políticas.

3. **IDPS híbrido:** Os sistemas híbridos combinam as características do IDPS baseado na rede e no anfitrião, fornecendo uma proteção abrangente através da monitorização do tráfego de rede e das actividades do anfitrião.

Exemplo:

- o **Suricata:** Um IDS/IPS avançado e de código aberto capaz de inspecionar a rede

  e a realização de verificações baseadas no anfitrião.

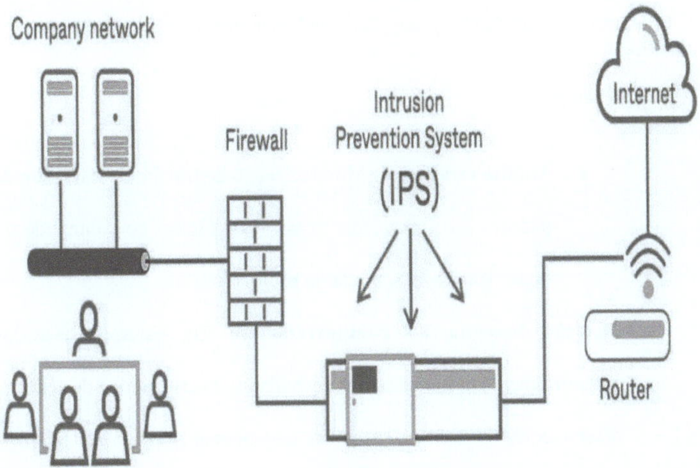

Fig. 6.2 Sistema de prevenção de intrusões (Rodney Hyde,2024)

Componentes e funcionalidade do IDPS

1. **Métodos de deteção:**

   o **Deteção baseada em assinaturas:** Este método envolve a correspondência do tráfego de rede ou das actividades do sistema com uma base de dados de padrões ou assinaturas de ataques conhecidos. É eficaz na deteção de ameaças conhecidas, mas pode ter dificuldades com ataques novos ou desconhecidos.

     Exemplo:

     - **Regras do Snort:** Padrões predefinidos utilizados pelo Snort para identificar tipos específicos de intrusões na rede.

   o **Deteção baseada em anomalias:** Os sistemas de deteção de anomalias estabelecem uma linha de base de comportamento normal e assinalam os desvios desta norma como potenciais ameaças. Este método pode detetar novos ataques, mas pode produzir falsos positivos.

     Exemplo:

     - **Análise estatística:** Monitorização do tráfego de rede para detetar padrões invulgares, tais como picos súbitos no volume de tráfego ou utilização inesperada de protocolos.

   o **Deteção baseada no comportamento:** Os sistemas baseados no comportamento monitorizam as actividades do utilizador e do sistema para detetar comportamentos suspeitos que possam indicar um ataque. Esta abordagem pode identificar ameaças internas e ataques sofisticados.

Exemplo:

- **Análise do comportamento do utilizador (UBA):** Acompanhamento dos padrões de comportamento dos utilizadores para detetar anomalias que possam indicar contas comprometidas ou ameaças internas.

2. **Mecanismos de alerta e resposta:**

   o **Alertas:** Quando uma ameaça potencial é detectada, o IDPS gera alertas para notificar os administradores. Os alertas podem ser enviados por e-mail, SMS ou integrados a sistemas de gerenciamento de eventos e informações de segurança (SIEM).

   o **Registo:** O IDPS regista informações detalhadas sobre as ameaças detectadas, incluindo a natureza do ataque, os endereços IP de origem e de destino e a hora do incidente. Estes registos são cruciais para a análise forense e a resposta a incidentes.

   o **Resposta automatizada:** Além de alertar, o IPS pode tomar medidas automatizadas para bloquear o tráfego malicioso, encerrar sessões suspeitas e aplicar políticas de segurança para evitar danos.

3. **Considerações sobre a implantação:**

   o **Posicionamento:** A eficácia do NIDPS depende da sua colocação na rede. Deve ser posicionado em pontos críticos, como perímetros de rede, segmentos internos e em frente de servidores críticos para monitorizar o tráfego de forma eficaz.

o **Escalabilidade:** O IDPS deve ser escalável para lidar com o aumento do tráfego de rede e o número crescente de pontos terminais. Isso garante que ele permaneça eficaz à medida que a organização se expande.

o **Desempenho:** O IDPS deve funcionar de forma eficiente para minimizar a latência e evitar tornar-se um ponto de estrangulamento. Os sistemas de elevado desempenho são essenciais para a análise e prevenção do tráfego em tempo real.

o **Integração:** O IDPS deve integrar-se perfeitamente com outras ferramentas e infra-estruturas de segurança, como firewalls, sistemas SIEM e plataformas de informações sobre ameaças, para proporcionar um ecossistema de segurança coeso.

Características avançadas do IDPS

1. **Inspeção Profunda de Pacotes (DPI):** A DPI envolve o exame do conteúdo dos pacotes de dados, e não apenas dos cabeçalhos, para identificar cargas maliciosas e ataques sofisticados. Isto permite uma deteção mais granular e precisa das ameaças.

2. **Aprendizagem automática e IA:** os IDPS modernos tiram partido da aprendizagem automática e da inteligência artificial para melhorar as capacidades de deteção. Essas tecnologias permitem que os sistemas aprendam com dados históricos, reconheçam padrões e identifiquem anomalias com maior precisão.

3. **Integração de inteligência contra ameaças:** A integração de feeds de inteligência contra ameaças permite que o IDPS se mantenha atualizado com os mais recentes indicadores de ameaças e assinaturas de ataques. Isso aumenta a capacidade do sistema de detetar e responder a ameaças emergentes.

4. **Análise comportamental:** Ao analisar os padrões de comportamento dos utilizadores e sistemas, o IDPS pode detetar ameaças internas e ameaças persistentes avançadas (APTs) que podem escapar aos métodos de deteção tradicionais.

5. **Análise de tráfego encriptado:** O Advanced IDPS pode analisar o tráfego encriptado para identificar actividades maliciosas sem desencriptar os dados, garantindo a privacidade enquanto mantém a segurança.

Os sistemas de deteção e prevenção de intrusões (IDPS) são vitais para proteger as organizações contra ameaças cibernéticas. Ao detectarem e responderem a actividades não autorizadas, estes sistemas protegem as redes, os sistemas e os dados de serem comprometidos. Compreender os vários tipos de IDPS, os seus componentes e funcionalidades avançadas ajuda as organizações a implementar medidas de segurança eficazes. À medida que as ameaças cibernéticas continuam a evoluir, a utilização de tecnologias avançadas de IDPS, como a aprendizagem automática e a análise comportamental, garante uma proteção robusta e uma postura de segurança proactiva.

6.3 Resposta a incidentes e ciber-forense

A resposta a incidentes e a ciber-forense são componentes críticos da estratégia de cibersegurança de uma organização, centrando-se na abordagem e mitigação de violações de segurança e na investigação das origens e impactos dos incidentes cibernéticos. A resposta a incidentes envolve uma abordagem estruturada para gerir e resolver incidentes de segurança, garantindo danos mínimos e uma recuperação rápida. Este processo inclui normalmente a preparação, a deteção, a contenção, a erradicação, a recuperação e as lições aprendidas. Uma resposta eficaz a incidentes ajuda as organizações a identificar e responder rapidamente às ameaças, reduzindo o potencial impacto nas operações e na integridade dos dados. A figura 5.6 abaixo mostra os processos de resposta a incidentes e de ciber-forense.

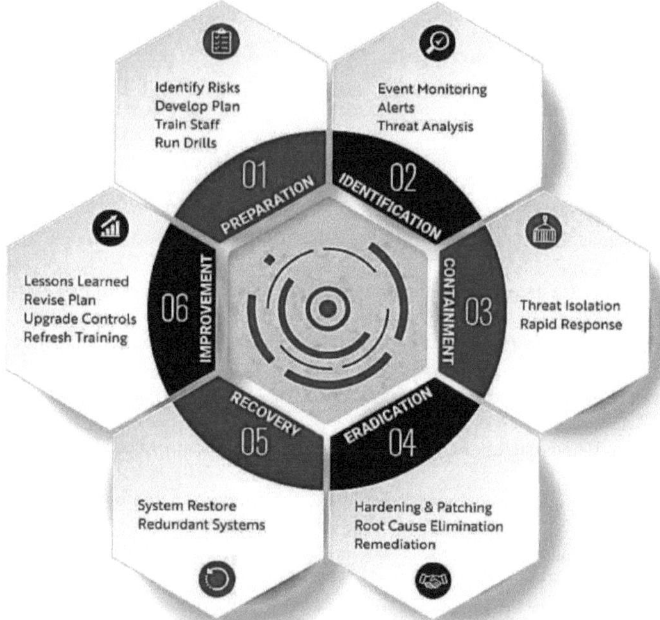

Fig. 6.3 Processo de resposta a incidentes e ciber-forense (Fonte: Red Piranha)

A ciber-forense, por outro lado, envolve a recolha, preservação, análise e apresentação sistemática de provas digitais na sequência de um incidente cibernético. Esta disciplina é essencial para compreender a natureza da violação, identificar os autores e apoiar os procedimentos legais, se necessário. As investigações forenses analisam várias fontes de dados, como registos, tráfego de rede e dispositivos digitais, para reconstruir a sequência de eventos que conduziram ao incidente.

As conclusões da ciber-forense fornecem informações valiosas sobre os vectores e métodos de ataque utilizados, que podem servir de base a melhorias nas medidas de segurança e nos protocolos de resposta a incidentes. Em conjunto, a resposta a incidentes e a ciberinvestigação forense formam uma abordagem abrangente para gerir e atenuar o impacto das ciberameaças, garantindo a resiliência e a responsabilidade da organização face à evolução dos ciberriscos.

CAPÍTULO 7 : TENDÊNCIAS E DESAFIOS FUTUROS

7.1 IA e aprendizagem automática na cibersegurança

A Inteligência Artificial (IA) e a Aprendizagem Automática (AM) estão a revolucionar a cibersegurança, oferecendo capacidades avançadas para detetar, prevenir e responder a ameaças. Estas tecnologias trazem um potencial transformador para este domínio, mas também trazem consigo desafios e considerações significativas para o futuro.

Tendências futuras

1. **Deteção avançada de ameaças:** A IA e o ML estão a ser cada vez mais utilizados para melhorar as capacidades de deteção de ameaças. Ao analisar grandes quantidades de dados, estas tecnologias podem identificar padrões e anomalias que indicam potenciais ameaças à segurança. Isto inclui a deteção de explorações de dia zero, malware sofisticado e ameaças persistentes avançadas (APTs) que os métodos tradicionais podem não detetar.

2. **Análise comportamental:** Os algoritmos de aprendizagem automática podem analisar o comportamento do utilizador para estabelecer linhas de base de atividade normal e assinalar desvios que possam indicar um incidente de segurança. Esta abordagem é particularmente eficaz na identificação de ameaças internas e contas comprometidas, oferecendo uma camada proactiva de defesa.

3. **Resposta automatizada:** A integração da IA na cibersegurança permite mecanismos de resposta automatizados. Ao detetar uma ameaça, os sistemas de IA podem tomar medidas imediatas, como isolar os sistemas afectados, bloquear o tráfego malicioso e iniciar protocolos de resposta a incidentes, reduzindo assim

os tempos de resposta e atenuando os danos potenciais.

4. **Inteligência contra ameaças:** A IA e o ML podem processar e analisar dados de informações sobre ameaças de várias fontes em tempo real, fornecendo às organizações informações actualizadas sobre ameaças emergentes. Isto permite uma tomada de decisões mais informada e actualizações atempadas das medidas de segurança.

5. **Análise preditiva:** A análise preditiva alimentada por IA pode prever potenciais incidentes de segurança com base em dados históricos e tendências. Esta abordagem proactiva ajuda as organizações a antecipar e a preparar-se para futuros ataques, melhorando a sua postura de segurança global.

6. **Deteção de fraude melhorada:** Em sectores como o financeiro, os sistemas orientados para a IA estão a melhorar a deteção de fraudes através da análise de padrões de transação e da identificação de actividades suspeitas. Isto reduz os falsos positivos e melhora a precisão dos mecanismos de deteção de fraude.

Desafios

1. **IA adversária:** Os cibercriminosos estão também a tirar partido da IA e do ML para desenvolver métodos de ataque mais sofisticados. A IA adversária envolve a manipulação de modelos de aprendizagem automática para evitar a deteção ou para enganar os sistemas de IA, levando-os a tomar decisões incorrectas. Isto cria uma corrida ao armamento contínua entre atacantes e defensores.

2. **Privacidade e segurança dos dados:** A eficácia da IA e do ML na cibersegurança depende do acesso a grandes conjuntos de dados. No entanto, a recolha e o tratamento destes dados suscitam preocupações significativas em termos de

privacidade e segurança. Garantir que os sistemas de IA cumprem os regulamentos de proteção de dados como o RGPD é um desafio crítico.

3. **Falsos positivos e negativos:** Embora a IA possa melhorar a deteção de ameaças, não é infalível. As elevadas taxas de falsos positivos podem levar à fadiga dos alertas, em que as equipas de segurança se tornam insensíveis aos alertas, podendo perder ameaças reais. Por outro lado, os falsos negativos, em que as ameaças reais não são detectadas, podem ter consequências graves.

4. **Enviesamento algorítmico:** Os modelos de aprendizagem automática podem incorporar inadvertidamente enviesamentos presentes nos dados de treino, conduzindo a resultados enviesados que podem visar injustamente determinados grupos ou ignorar tipos específicos de ameaças. Abordar o enviesamento algorítmico é essencial para garantir medidas de segurança justas e eficazes.

5. **Complexidade e integração:** A implementação da IA e do ML na cibersegurança requer conhecimentos e recursos significativos. A integração destas tecnologias na infraestrutura de segurança existente pode ser complexa e difícil, exigindo manutenção e actualizações contínuas.

6. **Lacuna de competências:** Existe uma procura crescente de profissionais de cibersegurança com conhecimentos especializados em IA e ML. A atual lacuna de competências nesta área representa um desafio para as organizações que procuram adotar eficazmente estas tecnologias avançadas.

A IA e a aprendizagem automática têm um enorme potencial para transformar a cibersegurança, oferecendo capacidades avançadas de deteção de ameaças, resposta automatizada e análise preditiva. No entanto, a adoção destas tecnologias também apresenta desafios significativos, incluindo a IA adversária, preocupações com a privacidade dos dados e a necessidade de conhecimentos especializados. À medida que as ciberameaças continuam a evoluir, as organizações têm de enfrentar estes desafios enquanto aproveitam os benefícios da IA e do ML para criar defesas de segurança mais resilientes e proactivas.

7.2 Considerações sobre a segurança da IoT

A proliferação de dispositivos da Internet das Coisas (IoT) está a transformar as indústrias e a vida quotidiana, oferecendo conetividade e conveniência sem precedentes. No entanto, esta rápida expansão da tecnologia IoT traz desafios de segurança significativos que têm de ser resolvidos para proteger dados sensíveis e garantir o funcionamento seguro destes dispositivos. À medida que os ecossistemas IoT se tornam mais complexos e integrados, as tendências futuras em matéria de segurança da IoT centrar-se-ão no reforço da segurança dos dispositivos, na proteção da privacidade dos dados e no desenvolvimento de quadros robustos para gerir o vasto número de dispositivos ligados. Desafios como a heterogeneidade dos dispositivos, a escalabilidade e a evolução dos cenários de ameaças exigirão soluções de segurança inovadoras e medidas proactivas para salvaguardar o cenário da IoT.

A segurança da Internet das Coisas (IoT) representa um desafio multifacetado, impulsionado pela adoção generalizada de dispositivos ligados em vários sectores. Os dispositivos IoT, que vão desde aparelhos domésticos inteligentes a sensores industriais, oferecem uma comodidade e eficiência sem paralelo, mas também introduzem considerações de segurança significativas. Um aspeto crítico é garantir mecanismos robustos de autenticação e controlo de acesso para impedir o acesso não autorizado e proteger dados sensíveis.

A encriptação dos dados em trânsito e em repouso é essencial para salvaguardar a privacidade, especialmente tendo em conta o volume de informações pessoais e sensíveis que os dispositivos IoT tratam. As actualizações regulares do firmware são cruciais para resolver vulnerabilidades e aumentar a resiliência dos dispositivos contra ameaças em evolução. As medidas de segurança da rede, incluindo a segmentação para isolar os dispositivos IoT das infra-estruturas críticas, ajudam a reduzir os potenciais riscos de comprometimento. A monitorização contínua do comportamento dos dispositivos e do tráfego de rede é vital para detetar anomalias e responder prontamente a incidentes de segurança. Desafios como a escala, a complexidade, as restrições de recursos e a interoperabilidade sublinham ainda mais a necessidade de protocolos de segurança normalizados e de quadros regulamentares abrangentes. Ao abordar estas considerações e desafios de forma holística, as organizações podem reforçar a postura de segurança da IoT, garantindo que os dispositivos contribuem para um ecossistema digital mais seguro e resiliente.

7.3 Implicações éticas e jurídicas

À medida que a tecnologia continua a avançar a um ritmo acelerado, as considerações éticas e jurídicas em torno da sua utilização tornam-se cada vez mais complexas e críticas. Desde a inteligência artificial e a aprendizagem automática até à biotecnologia e à privacidade digital, as tecnologias emergentes levantam questões éticas profundas que desafiam os quadros jurídicos e as normas sociais existentes. No futuro, será dada uma maior atenção ao equilíbrio entre a inovação e as normas éticas, garantindo que os avanços tecnológicos beneficiam a sociedade e, ao mesmo tempo, atenuam os potenciais riscos e danos. Para responder a estes desafios, serão necessários esforços de colaboração entre decisores políticos, tecnólogos, especialistas em ética e o público em geral para estabelecer quadros que promovam a inovação responsável e protejam os direitos fundamentais num mundo cada vez mais digital e interligado.

As implicações éticas e jurídicas em torno das tecnologias emergentes são cada vez mais proeminentes à medida que a sociedade navega ao ritmo acelerado dos avanços tecnológicos. Questões como a privacidade dos dados, o enviesamento algorítmico e a utilização ética da inteligência artificial (IA) estão na vanguarda dos debates.

Do ponto de vista jurídico, há uma necessidade premente de adaptar os quadros existentes para enfrentar os novos desafios colocados por tecnologias como a IA e a biotecnologia. Os regulamentos devem equilibrar a promoção da inovação com a proteção dos direitos individuais e dos valores sociais. Por exemplo, o Regulamento Geral sobre a Proteção de Dados (RGPD) na Europa e leis semelhantes em todo o mundo visam salvaguardar os dados pessoais na era digital.

Do ponto de vista ético, colocam-se questões relacionadas com a utilização responsável da IA e dos sistemas autónomos. As preocupações vão desde a equidade e transparência dos algoritmos até à responsabilidade pelas decisões tomadas pelas máquinas autónomas. Garantir que estas tecnologias são utilizadas de forma ética exige uma análise cuidadosa dos seus impactos sociais e das suas potenciais consequências.

Além disso, à medida que a tecnologia se torna mais integrada na vida quotidiana, as questões dos direitos digitais, da cibersegurança e dos direitos de propriedade intelectual tornam-se cada vez mais complexas. O equilíbrio entre inovação e regulamentação será crucial para navegar no panorama ético e jurídico do futuro, promovendo a confiança e a responsabilidade no papel da tecnologia na sociedade.

CAPÍTULO 8: CONCLUSÃO

Em conclusão, "Unravelling the Secrets of Cybersecurity: Hacking the Future" sublinha o imperativo da cibersegurança na salvaguarda dos ecossistemas digitais e na proteção contra ameaças em evolução. Reforça os princípios fundamentais da ciberdefesa, ao mesmo tempo que explora técnicas avançadas e tendências emergentes que moldam o futuro da cibersegurança. O livro realça os papéis duplos da tecnologia e da vigilância humana na mitigação dos riscos, destacando a necessidade permanente de medidas de segurança robustas e estratégias proactivas. À medida que os cenários digitais evoluem e surgem novos desafios, torna-se cada vez mais vital compreender a dinâmica das ciberameaças e das defesas. "Cybersecurity: Hacking the Future" equipa os leitores com conhecimentos e ideias essenciais para navegar nas complexidades da cibersegurança com confiança e resiliência.

Referências

1. Adam Shostack, "Threat Modeling: Designing for Security", Wiley, 2014.

2. Angela Orebaugh, "Wireshark Network Analysis", No Starch Press, 2018.

3. Bederna, Zsolt & Rajnai, Zoltan. (2022). Análise do ecossistema de cibersegurança na União Europeia. Revista Internacional de Direito da Cibersegurança. 3. 1-15. 10.1365/s43439-022- 00048-9.

4. Bruce Schneier, "Applied Cryptography: Protocols, Algorithms, and Source Code in C," John Wiley & Sons, 1996.

5. Bruce Schneier, "Secrets and Lies: Digital Security in a Networked World", John Wiley & Sons, 2000.

6. Caulkins, B (2017) Título da palestra Modelação e Simulação de Cibersegurança Comportamental, Recuperado em 26 de dezembro de 2018 de IDC 5602 Cybersecurity: Uma Abordagem Multidisciplinar.

7. Chandan Sahoo, VAPT and its Impact on Reducing Cybersecurity Vulnerabilities, Qualysec, 2023.

8. Cory Doctorow, "Little Brother", Tor Teen, 2008.

9. Donald E. Knuth, "The Art of Computer Programming, Volume 2: Seminumerical Algorithms," Addison-Wesley Professional, 2011.

10. Gary McGraw, "Software Security: Building Security In", Addison-Wesley Professional, 2006.

11. Kevin D. Mitnick e William L. Simon, "The Art of Deception: Controlling the Human Element of Security", Wiley, 2003.

12. Kim Zetter, "Countdown to Zero Day: Stuxnet and the Launch of the World's First Digital Weapon", Crown, 2014.

13. Lok, 7 Key steps to implement security awareness training, usecure, 2024.

14. Marc Goodman, "Future Crimes: Inside the Digital Underground and the Battle for Our Connected World", Anchor Books, 2016.

15. Mark Russinovich e Aaron Margosis, "Windows Internals, Parte 1: Arquitetura do sistema, processos, threads, gestão de memória e muito mais", Microsoft Press, 2017.

16. Matt Curtin, "Brute Force: Cracking the Data Encryption Standard", Springer, 2005.

17. National Institute of Standards and Technology (NIST), "NIST Special Publication

80053: Security and Privacy Controls for Federal Information Systems and Organizations," (Publicação especial do NIST 80053: Controlos de segurança e privacidade para sistemas e organizações federais de informação) 2 020.

18. Peter Szor, "The Art of Computer Virus Research and Defense", Addison-Wesley Professional, 2005.

19. Rajnish Kumar Sharma, How to Protect Data In Mobile & Web Apps Using Encryption, net solutions, 2024.

20. Rodney Hyde, How to Implement an Intrusion Prevention System, Enterprise systems, 2024.

21. Sean-Philip Oriyano e Scott Laliberte, "Cybersecurity Blue Team Toolkit", Wiley, 2 021.

22. Investigação de segurança, Digital Forensics & Incident Response (DFIR), Red Piranha.

23. William Stallings e Lawrie Brown, "Computer Security: Princípios e Prática", Pearson, 2017.

24. Steven Levy, "Crypto: How the Code Rebels Beat the Government-Saving Privacy in the Digital Age", Penguin Books, 2001.

25. Stuart McClure, Joel Scambray e George Kurtz, "Hacking Exposed: Network Security Secrets & Solutions", McGraw-Hill Education, 2015.

26. Surbhi, Quais são os objectivos fundamentais da cibersegurança? Explicado, 2023, Network kings.

27. Troy Hunt, "Violações de dados: Crisis and Opportunity", Pluralsight, 2019.

28. Zhang, Zhibo & Al Hamadi, Hussam & Damiani, Ernesto & Yeun, Chan & Taher, Dr. Fatma. (2022). Aplicações de inteligência artificial explicável em segurança cibernética: Estado da Arte em Pesquisa. Acesso IEEE. PP. 1-1. 10.1109/ACCESS.2022.3204051.

Biografia dos autores

A Dra. A. Jemshia Miriam trabalha como Professora Assistente no Departamento de Informática e Engenharia do Instituto de Ciência e Tecnologia de Sathyabama. Tem cerca de 3 anos de experiência de ensino. Recebeu o seu diploma B.Tech em Tecnologia da Informação com a primeira classe da Universidade de Sathyabama e recebeu o seu mestrado e doutoramento da Universidade de Annamalai, Chidambaram. Publicou muitos artigos de investigação em artigos de investigação em revistas internacionais de referência e em actas de várias conferências internacionais. As suas áreas de investigação incluem a Inteligência Artificial, a Aprendizagem Profunda e a Cibersegurança. É membro ativo da ACM.

A Dra. S. Raja shree trabalha como Professora Associada no Departamento de Informática e Engenharia do Instituto de Ciência e Tecnologia de Sathyabama. Tem cerca de 12 anos de experiência de ensino. Obteve a licenciatura em Ciências e Engenharia Informáticas com a primeira classe e o mestrado em Ciências e Engenharia Informáticas com distinção na Universidade de Anna, Trichy, e o doutoramento em Sathyabama Instituto de Ciência e Tecnologia. Publicou muitos artigos de investigação em revistas internacionais de referência e artigos de investigação nas actas de várias conferências internacionais. Publicou um livro intitulado "Deep learning algorithm with Python". As suas áreas de investigação incluem a Inteligência Artificial, a Aprendizagem Profunda e a Cibersegurança. É membro ativo do MISTE e da ACM.

A Dra. M. Nafees Muneera trabalha como Professora Associada no Departamento de Informática e Engenharia do Instituto de Ciência e Tecnologia de Sathyabama. Tem mais de 8 anos de experiência de ensino. Recebeu o seu doutoramento em Informática e Engenharia pelo Instituto Saveetha de Ciências Médicas e Técnicas e o seu mestrado em Informática e Engenharia pela Universidade de Anna, Chennai. Os seus interesses de investigação incluem Data Mining, Inteligência Artificial e Aprendizagem Automática.

yes
I want morebooks!

Buy your books fast and straightforward online - at one of world's fastest growing online book stores! Environmentally sound due to Print-on-Demand technologies.

Buy your books online at
www.morebooks.shop

Compre os seus livros mais rápido e diretamente na internet, em uma das livrarias on-line com o maior crescimento no mundo! Produção que protege o meio ambiente através das tecnologias de impressão sob demanda.

Compre os seus livros on-line em
www.morebooks.shop